Grundwissen Verwaltungsrecht

Hemmer/Wüst

Hemmer/Wüst Verlagsgesellschaft

Hemmer/Wüst, Grundwissen Verwaltungsrecht

ISBN 978-3-86193-523-0

7. Auflage 2016

gedruckt auf chlorfrei gebleichtem Papier
von Schleunungdruck GmbH, Marktheidenfeld

INHALTSVERZEICHNIS: Die Zahlen beziehen sich auf die Seiten des Skripts.

Vorwort

Das vorliegende Skript ist für Studenten in den ersten Semestern gedacht. Gerade in dieser Phase ist es sinnvoll, bei der Wahl der Lernmaterialien den richtigen Weg einzuschlagen. Auch in den späteren Semestern sollte man in den grundsätzlichen Problemfeldern sicher sein. Die „essentials" sollte jeder kennen.

In diesem Theorieband wird Ihnen das notwendige Grundwissen vermittelt. Vor der Anwendung steht das Verstehen. Leicht verständlich und kurz werden die wichtigsten Rechtsinstitute vorgestellt und erklärt. So erhält man den notwendigen Überblick. Klausurtipps, Formulierungshilfen und methodische Anleitungen helfen Ihnen dabei, das erworbene Wissen in die Praxis umzusetzen.

Das Skript wird durch den jeweiligen Band unserer Reihe „die wichtigsten Fälle" ergänzt. So wird die Falllösung trainiert. Häufig sind Vorlesungen und Bücher zu abstrakt. Das Wissen wird häufig isoliert und ohne Zusammenhang vermittelt. Die Anwendung wird nicht erlernt. Nur ein Lernen am konkreten Fall führt sicher zum Erfolg. Daher empfehlen wir parallel zu diesem Skript gleich eine Einübung des Gelernten anhand der Fallsammlung. Auf diese Fälle wird jeweils verwiesen. So ergänzen sich deduktives (Theorieband) und induktives Lernen (Fallsammlung). Das Skript Grundwissen und die entsprechende Fallsammlung bilden so ein ideales Lernsystem und damit eine Einheit.

Profitieren Sie von der über 40-jährigen Erfahrung des Juristischen Repetitoriums hemmer im Umgang mit juristischen Prüfungen. Unser Beruf ist es, alle klausurrelevanten Inhalte zusammen zu tragen und verständlich aufzubereiten. Die typischen Prüfungsinhalte wiederholen sich. Wir vermitteln Ihnen das, worauf es in der Prüfung ankommt – verständlich – knapp – präzise. Erfahrene Repetitoren schreiben für Sie die Skripten. Das know-how der Repetitoren hinsichtlich Inhalt, Aufbereitung und Vermittlung von juristischem Wissen fließt in sämtliche Skripten des Verlages ein. Lernen Sie mit den Profis!

Sie werden feststellen: Jura von Anfang an richtig gelernt, reduziert den Arbeitsaufwand und macht damit letztlich mehr Spaß.

Wir hoffen, Ihnen den Einstieg in das juristische Denken mit dem vorliegenden Skript zu erleichtern und würden uns freuen, Sie auf Ihrem Weg zu Ihrem Staatsexamen auch weiterhin begleiten zu dürfen.

Karl-Edmund Hemmer & Achim Wüst

§ 1 Einführung

A) Die öffentlich-rechtliche Klausur im juristischen Studium

Bedeutung im Studium

Dem öffentlichen Recht kommt große Bedeutung zu: Fast jeder Jurastudent muss i.R. seines Studiums sowohl öffentlich-rechtliche Scheine als auch die Zwischenprüfung bestehen und im Ersten Staatsexamen mindestens eine Klausur aus dem öffentlichen Recht bewältigen. Daneben wird das Öffentliche Recht auch als Nebenfach in anderen Studiengängen (etwa für Wirtschaftswissenschaftler oder Diplom-Geographen, für welche das vorliegende Skript durchaus auch eine sinnvolle Einstiegslektüre darstellt) gelehrt. 1

Gleichwohl haben viele (Jura-)Studenten eine regelrechte Abneigung gegen dieses Fach. Dies liegt wohl nicht nur daran, dass in vielen Bundesländern das Zivilrecht das Studium dominiert, die strafrechtlichen Fälle regelmäßig „unterhaltsamer" gebildet werden können und „die Verwaltung" entsprechend eines gängigen Vorurteils als langweilig und verstaubt befunden wird.

Eigenarten des ÖR

Vielmehr schreckt auch die gewaltige Stofffülle, die sich in teilweise unüberschaubaren Gesetzessammlungen widerspiegelt, manchen Studenten ab. Schließlich ist das Öffentliche Recht dasjenige Fach, in dem zum ersten Mal i.R.d. Jurastudiums vertiefte prozessuale Kenntnisse erforderlich sind. 2

Andererseits bringen genau diese Eigenschaften des Öffentlichen Rechts auch wieder gewisse Vorzüge mit sich: Wo es „viel Gesetz" gibt (was zwar nicht im Verfassungs-, aber im Verwaltungsrecht der Fall ist), muss man sein Gedächtnis nicht mit unzähligen Einzelheiten belasten, sondern kann mit dem Gesetzestext arbeiten. Die häufige prozessuale Einkleidung von öffentlich-rechtlichen Klausuren hat den Vorteil, dass man sich zumeist an einem relativ leicht erlernbaren Schema „entlanghangeln" kann, welches gerade für den ersten Einstieg in eine Klausur eine gewisse Sicherheit gibt.

B) Klärung wichtiger Grundbegriffe

Grundbegriffe

Bevor die systematische Darstellung des Verfassungs- und des Verwaltungsrechts erfolgt, werden zunächst einige wenige wichtige Grundbegriffe geklärt, die den meisten Lesern bekannt sein sollten, deren Einordnung aber gerade bei Anfängern immer wieder auf Schwierigkeiten stößt. 3

I. Verfassungsrecht und Verwaltungsrecht

VerfassungR ⇔ VerwaltungR

Das Verfassungsrecht und das Verwaltungsrecht gehören jeweils zum Bereich des Öffentlichen Rechts; dieses regelt das Verhältnis des Staates zum Bürger bzw. der Staatsorgane untereinander, während das Privatrecht das Verhältnis der Bürger untereinander regelt. 4

> ***Bsp. 1:*** *Möchte der Bürger B von einer staatlichen Stelle die Genehmigung zum Bau eines Hauses, bestimmt sich die Erteilung der Genehmigung nach dem öffentlichen Recht (BauGB, LBOen).*

> ***Bsp. 2:*** *Ist B der Meinung, der Videorecorder, den er im Kaufhaus K erworben hat, sei fehlerhaft, bestimmen sich seine Rechte ausschließlich nach dem Privatrecht (z.B. §§ 434 ff. BGB).*

hemmer-Methode: Allein die Tatsache, dass auf einer Seite eine Behörde handelt, lässt aber noch keinen Rückschluss auf das Öffentliche Recht zu. Vielmehr ist das Privatrecht einschlägig, wenn der Staat dem Bürger nicht hoheitlich, sondern wie ein Privater gegenübertritt, wenn also z.B. die Behörde im Kaufhaus Bleistifte kauft (sog. fiskalische Hilfsgeschäfte der Verwaltung) oder bei rein erwerbswirtschaftlichen Tätigkeiten (z.B. städtische Brauerei).

Graphisch lässt sich also das Verhältnis der Rechtsgebiete wie folgt darstellen:

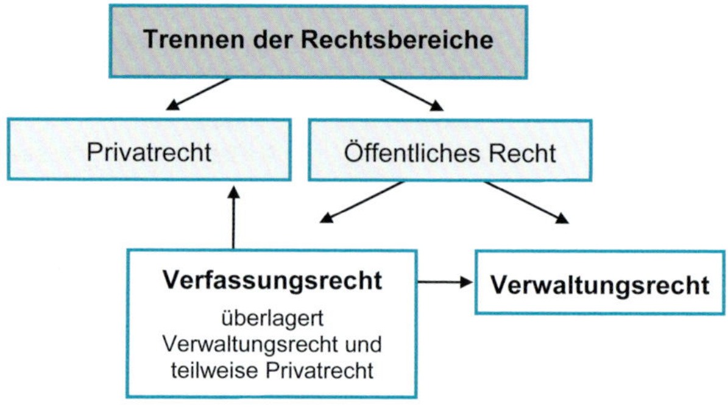

Normenhierarchie

Allerdings darf diese Abbildung nicht dahingehend missverstanden werden, dass Verwaltungs- und Verfassungsrecht wirklich gleichgeordnet sind. 5

Vielmehr besteht ein Vorrang des Verfassungsrechts, welches jedem anderen Recht übergeordnet ist.

hemmer-Methode: Das Verfassungsrecht steht also an der Spitze der Normenhierarchie, gefolgt von formellen Gesetzen, also solchen, die vom Parlament in einem förmlichen Verfahren erlassen worden sind, und den untergesetzlichen Rechtsvorschriften wie Satzungen und Verordnungen (bloß materielle Gesetze). Innerhalb dieser Normenhierarchie ist zudem noch der in Art. 31 GG angeordnete Vorrang des Bundesrechts vor dem Landesrecht zu berücksichtigen. Damit ergibt sich zusammengefasst folgende Rangfolge:

1. Bundesverfassungsrecht
2. formelle Bundesgesetze
3. Rechtsverordnungen des Bundes
4. Landesverfassungsrecht
5. formelle Landesgesetze
6. Satzungen und Verordnungen des Landesrechts

Regelungsgehalt des GG

Das Grundgesetz als Verfassung regelt zum einen die Grundlagen der Staatsorganisation, also z.B. die Befugnisse der obersten Staatsorgane und ihr Verhältnis untereinander sowie die Staatszielbestimmungen. 6

Zum anderen werden die elementaren Grundzüge des Verhältnisses Bürger – Staat in seinem Grundrechtsteil in den Art. 1 bis 19 GG geregelt.

Eine genauere Konkretisierung dieses Verhältnisses findet im Verwaltungsrecht statt, welches sich aber immer an die Vorgaben des übergeordneten Verfassungsrechts halten muss.

D.h. das einfache Gesetzesrecht darf nicht gegen das Grundgesetz verstoßen und in Zweifelsfällen ist die Interpretation des einfachen Gesetzesrechts zu wählen, die mit der Verfassung übereinstimmt (verfassungskonforme Auslegung).

II. Formelles Recht und materielles Recht

formelles Recht ⇔ materielles Recht

Eine wichtige Unterscheidung, die in diesem Skript zum Öffentlichen Recht häufig eine Rolle spielen wird, ist die zwischen formellem und materiellem Recht bzw. zwischen formeller und materieller Rechtmäßigkeit. 7

Vereinfacht ausgedrückt bestimmt das materielle Recht, wie die Rechtslage im Hinblick auf einen bestimmten Sachverhalt tatsächlich ist. Dagegen legt das formelle Recht fest, wie das entsprechende Recht verwirklicht werden kann bzw. wie über die Rechtslage entschieden werden muss.

> **Bsp.:** *Unter welchen Voraussetzungen jemand eine Baugenehmigung bekommen kann, oder aber wann ihm ein Gewerbe untersagt werden kann, regelt das materielle Recht.*
>
> *Welches Verfahren bei der Erteilung der Genehmigung bzw. der Untersagung einzuhalten ist, also z.B. welche Anträge gestellt und welche Beteiligten angehört werden müssen, sind formell-rechtliche Fragen.*

hemmer-Methode: Im Zivilrecht spielt dagegen die Einhaltung von Formen eine geringere Rolle, regelmäßig ist z.B. ein Vertragsschluss unter Privaten formfrei. Bei staatlichem Handeln muss dagegen zum einen geklärt sein, welches Organ handeln darf; zum anderen dient es der Rechtssicherheit und dem Schutz vor staatlicher Willkür, wenn Entscheidungen in einem formalisierten Verfahren getroffen werden.

Ein Akt staatlicher Gewalt ist dabei grds. nur dann rechtmäßig, wenn seine formellen und seine materiellen Voraussetzungen erfüllt sind. 8

> **Bsp. 1:** *Ein Gesetz darf (materiell) nicht gegen die Grundrechte verstoßen und muss (formell) in einem ordnungsgemäßen Gesetzgebungsverfahren erlassen worden sein.*
>
> **Bsp. 2:** *Eine Gewerbeuntersagung muss sich auf die gesetzlich vorgesehenen Gründe (z.B. § 35 BauGB) stützen und in einem formell ordnungsgemäßen Verwaltungsverfahren (zuständige Behörde, Anhörungen, usw.) erlassen worden sein.*

hemmer-Methode: Verwechseln Sie die Unterscheidung in formelle und materielle Rechtmäßigkeit nicht mit der oben schon einmal angesprochenen Differenzierung in formelle und materielle Gesetze. Formell sind alle die Gesetze, die vom Gesetzgeber im verfassungsrechtlich vorgegebenen Verfahren erlassen worden sind. Maßgebend ist also die äußere Form. Materiell liegt hingegen dann ein Gesetz vor, wenn es seinem Inhalt nach abstrakt und generell die Beziehungen zwischen Staat und Bürger regelt. Das BauGB ist z.B. ein Gesetz im formellen und materiellen Sinn. Der Bebauungsplan, der nach § 10 BauGB als Satzung beschlossen wird, ist hingegen nur ein Gesetz im materiellen Sinn.

Verwaltung = v.a. Vollzug von Gesetzen

Verwaltungsrecht ist das Rechtsgebiet, das sich mit der Exekutive (Verwaltung) in Abgrenzung zur Judikative (Rechtsprechung) und Legislative (Gesetzgebung) beschäftigt. *9*

Verwaltung bedeutet dabei im Wesentlichen den Vollzug der von der Legislative vorgegebenen Gesetze (**Gewaltenteilung**, siehe unten Rn. 187 ff.). Es handelt sich also um die Form des Staatshandelns, mit der es der Bürger „normalerweise" am häufigsten zu tun hat.

> ***Bsp.:*** *Erteilung einer Baugenehmigung oder eines Führerscheins; Untersagung eines Gewerbes; Zulassung zu einer öffentlichen Einrichtung (z.B. Stadthalle) usw.*

hemmer-Methode: Begrifflich ebenfalls dem Verwaltungsrecht zuzuordnen sind das Steuerrecht, das Sozialrecht und eigentlich auch das Strafrecht. Allerdings werden diese überwiegend als eigene Rechtsgebiete aufgefasst.

Bedeutung des Prozessrechts

Im Gegensatz zum Zivilrecht und Strafrecht muss man sich im Verwaltungsrecht von Beginn an auch mit prozessualen Problemen auseinandersetzen. Typisch für eine verwaltungsrechtliche Klausur ist die Verknüpfung von Prozessrecht und materiellem Recht. Die Fallfrage lautet hier zumeist: *10*

⇨ „Hat die eingelegte Klage Aussicht auf Erfolg?"

hemmer-Methode: Nur wer Probleme nicht nur lernt, sondern auch versteht, ist in der Lage, in einer Klausur auch unbekannte Probleme zu lösen. Mit diesem Verständnis macht Jura Spaß und wird nie zu einer stupiden und zudem erfolglosen Auswendiglernerei. Fragen Sie sich deshalb immer nach dem „Warum?". Warum ist es z.B. gerade im Verwaltungsrecht besonders wichtig, sich vor einem Gericht gegen staatliches Handeln wehren zu können?
Die Antwort auf diese Frage gibt zum einen Art. 19 IV GG, der dem Bürger zum Schutz gegen staatliche Eingriffe einen Rechtsweg garantiert (Rechtsstaatsprinzip, unten Rn. 423 ff.). Zum anderen ist es die Grundaussage des Gewaltenteilungsgrundsatzes (siehe unten Rn. 187), dass Verwaltungshandeln von unabhängigen Gerichten auf seine Rechtmäßigkeit hin überprüft werden kann.

§ 2 Klagearten der VwGO[1]

A) Klagearten

§ 173 VwGO ⇨ Verweis auf ZPO

Das Verwaltungsprozessrecht baut im Wesentlichen auf das Zivilprozessrecht auf. Nach § 173 VwGO ist z.B. die ZPO immer dann entsprechend heranzuziehen, wenn sich in der VwGO zu einer Frage keine Regelungen finden. *11*

hemmer-Methode: Fassen Sie das Verwaltungsprozessrecht deshalb von Beginn an als Chance auf. Sie haben hier die Möglichkeit, sich Grundlagen auch für das Zivilprozessrecht zu schaffen. Beide Rechtsgebiete werden bspw. gleichermaßen vom Dispositionsgrundsatz beherrscht, § 88 VwGO bzw. § 305 ZPO. Dieser beinhaltet, dass das Gericht nur soweit und solange tätig werden darf, wie von den Parteien eine Entscheidung begehrt wird.

Klagearten

Wie im Zivilprozessrecht gibt es auch im Verwaltungsprozessrecht drei verschiedene Grundklagearten. Maßgeblich für die Abgrenzung der Klagearten ist immer das Klagebegehren, also der Antrag des Klägers, an den das Gericht gebunden ist, § 88 VwGO. *12*

I. Leistungsklagen

Leistungsklage

Mit dieser Klage verfolgt der Bürger das Ziel, die Behörde bzw. deren Rechtsträger durch das Gericht zur Vornahme einer bestimmten Handlung verurteilen zu lassen. *13*

Verpflichtungsklage als besondere Leistungsklage

Besteht diese Handlung im Erlass eines Verwaltungsaktes i.S.d. § 35 VwVfG (vgl. dazu unten Rn. 37 ff.), ist eine **Verpflichtungsklage** nach § 42 I Alt. 2 VwGO einschlägig. *14*

hemmer-Methode: Im Folgenden werden die Vorschriften des Bundes-VwVfG (in §§) zugrunde gelegt. Beim Handeln einer Landesbehörde müssen Sie die (grds. inhaltsgleichen) Normen Ihres jeweiligen Landes-VwVfG anwenden, vgl. § 1 III VwVfG.

allgemeine Leistungsklage

Begehrt der Kläger eine sonstige Leistung der Behörde, so handelt es sich um eine allgemeine Leistungsklage, die zwar in der VwGO nicht speziell geregelt ist, aber in verschiedenen Vorschriften als selbstverständlich bestehend vorausgesetzt wird, z.B. in §§ 43 II, 111, 113 IV VwGO. *15*

---

[1] Ausführlich **Hemmer/Wüst, Verwaltungsrecht I, Rn. 7 ff.**

hemmer-Methode: Die §§ 42, 43 VwGO zählen die Klagearten im Verwaltungsprozessrecht nicht abschließend auf. Im Hintergrund steht Art. 19 IV GG, der dem Bürger in allen grundrechtsrelevanten Bereichen den Weg zu den Gerichten eröffnet (vgl. Rechtsstaatsprinzip, s. unten Rn. 423 ff.).
Deshalb muss es für jedes Klagebegehren des Bürgers eine statthafte Klageart geben, vgl. auch § 40 VwGO „in allen".

II. Gestaltungsklagen

Gestaltungsklage

Mit einer Gestaltungsklage verfolgt der Bürger das Ziel, die Rechtslage durch das Urteil zu seinen Gunsten zu verändern. Eine solche Gestaltungsklage in Form der **Anfechtungsklage** ist statthaft, wenn der Kläger die Aufhebung eines Verwaltungsaktes begehrt, § 42 I Alt. 1 VwGO. Ist die Klage zulässig und begründet, hebt das Gericht gemäß § 113 I S. 1 VwGO den angefochtenen Verwaltungsakt auf, ändert also unmittelbar durch sein Urteil die Rechtslage. 16

hemmer-Methode: Grenzen Sie zur Leistungsklage ab! Im Falle eines Leistungsurteils wird die Behörde lediglich zur Änderung der Rechtslage z.B. zum Erlass eines VA verurteilt. Im Fall des Gestaltungsurteils nimmt das Gericht die Rechtsänderung selber vor, indem es den angefochtenen VA aufhebt. Die Gestaltungsklage ist also rechtsschutzintensiver und damit vorrangig!
Hintergrund dieser Unterscheidung ist der Gewaltenteilungsgrundsatz (siehe unten Rn. 187). Mit diesem wäre es unvereinbar, wenn das Gericht eine verwaltungstypische Handlung wie den Erlass eines VA selbst vornehmen würde. Die Aufhebung einer fehlerhaften Verwaltungsentscheidung hingegen ist eine Handlung, die in den Kernbereich der Judikative fällt.

Dass im Fall eines rechtswidrigen VA überhaupt eine gesonderte Aufhebung notwendig ist und nicht wie bei Gesetzen die Feststellung der Unwirksamkeit ausreicht (abstrakte und konkrete Normenkontrolle vor dem BVerfG, § 78 I BVerfGG, Normenkontrolle vor dem OVG, § 47 VwGO), hat seinen Grund in § 43 II VwVfG. Danach ist im Interesse der Rechtssicherheit und der Effektivität der Verwaltung auch ein rechtswidriger VA grundsätzlich wirksam (ausführlicher dazu unten Rn. 76 ff.). 17

III. Feststellungsklagen

Feststellungsklage

Mit der Feststellungsklage begehrt der Bürger in Abgrenzung zur Leistungs- und Gestaltungsklage keine Veränderung der Rechtslage, sondern lediglich deren Feststellung. 18

(Nicht-)Bestehen eines Rechtsverhältnisses oder Nichtigkeit eines VA

Ist Streitgegenstand das Bestehen oder Nichtbestehen eines Rechtsverhältnisses oder die Feststellung der Nichtigkeit eines VAs, dann handelt es sich um eine allgemeine Feststellungsklage nach § 43 I VwGO, die allerdings gegenüber den übrigen Klagearten der VwGO subsidiär ist, § 43 II VwGO. 19

Geht es dem Kläger dagegen um die Feststellung der Nichtigkeit einer Rechtsvorschrift des (nur) materiellen Landesrechts, dann ist die Normenkontrollklage nach § 47 VwGO einschlägig.

hemmer-Methode: Einen Sonderfall stellt die Fortsetzungsfeststellungsklage nach § 113 I S. 4 VwGO dar. Diese ist statthaft, wenn der Kläger die Feststellung der Rechtswidrigkeit eines bereits erledigten VAs begehrt. Ihrer Rechtsnatur nach handelt es sich dabei um eine Feststellungsklage, die allerdings häufig als umgestellte Anfechtungsklage bezeichnet wird.

B) Sachurteilsvoraussetzungen

hemmer-Methode: Der Begriff „Sachurteilsvoraussetzungen“ tritt an die Stelle der „Zulässigkeit der Klage“. Hintergrund ist die Regelung des § 17a GVG. Danach ist die Eröffnung des Rechtsweges keine eigentliche Zulässigkeitsvoraussetzung mehr, da eine Klage, mit welcher der falsche Rechtsweg beschritten wurde, nicht als unzulässig abgewiesen wird. Es wird vielmehr von Amts wegen an das für den Streit zuständige Gericht verwiesen, § 17a II S. 1 GVG. Gleiches gilt über § 83 VwGO für die sachliche und örtliche Zuständigkeit. Aus diesem Grund sollten Sie nicht von der Zulässigkeit, sondern von Sachurteilsvoraussetzungen sprechen. Eine gleichwertige Alternative ist es, die Prüfung des § 40 I VwGO sowie - soweit möglich - der sachlichen und örtlichen Zuständigkeit aus dem Zulässigkeitsschema herauszunehmen und ihm als eigenen Gliederungspunkt „Sachentscheidungskompetenz des Gerichts“ voranzustellen. In der Klausur sollte man sich ohne Diskussion für einen der Wege entscheiden, da alle akzeptiert werden.

Sachurteilsvoraussetzungen

Den Klagearten der VwGO sind folgende Sachurteilsvoraussetzungen gemeinsam: 20

Sachurteilsvoraussetzungen:

I. **Eröffnung des Verwaltungsrechtsweges, § 40 I S. 1 VwGO**

II. **Statthafte Klageart**

III. **Klagebefugnis, § 42 II VwGO (analog)**

IV. **Beteiligten- und Prozessfähigkeit, §§ 61, 62 VwGO**

V. **Allgemeines Rechtsschutzbedürfnis**

VI. Weitere Zulässigkeitsvoraussetzungen (nur sofern problematisch, z.B. ordnungsgemäße Klageerhebung nach §§ 81, 82 VwGO, Gerichtszuständigkeit, §§ 45, 52 VwGO)

Besonderheiten bei Anfechtungs- und Verpflichtungsklage

Hinzu kommen für die Anfechtungs- und Verpflichtungsklage weitere besondere Prozessvoraussetzungen wie das Widerspruchsverfahren und die Klagefrist. Die Besonderheiten für Anfechtungs- und Verpflichtungsklage sind in §§ 68 ff. VwGO geregelt. 21

hemmer-Methode: Da nahezu alle typischen Klausuren aus dem Verwaltungsrecht mit einer Zulässigkeitsprüfung bzw. der Prüfung der Sachurteilsvoraussetzungen beginnen, trägt ein diesbezüglich gelungener Einstieg zum guten „ersten Eindruck“ des Korrektors bei.
Allerdings sollten Sie von Beginn an im Auge behalten, dass hier kaum einmal die Schwerpunkte einer Klausur liegen werden. Es kommt deshalb hier vor allem darauf an, die einzelnen Punkte kurz und flüssig abzuhandeln, um nicht zu viel Zeit für die maßgebliche Begründetheitsprüfung zu verlieren.
Tipp: Wenn Sie in einer Klausur regelmäßig Zeitprobleme haben, kann es ratsam sein, bei der Ausformulierung der Lösung mit der Begründetheit zu beginnen.

§ 3 Anfechtungsklage[2]

A) Sachurteilsvoraussetzungen

Sachurteilsvoraussetzungen der Anfechtungsklage

Bei der Anfechtungsklage sind folgende Punkte als Sachurteilsvoraussetzungen zu beachten: 22

I. Eröffnung des Verwaltungsrechtsweg, § 40 I VwGO

II. Statthaftigkeit der Anfechtungsklage

III. Klagebefugnis, § 42 II VwGO

IV. Vorverfahren, §§ 68 ff. VwGO

V. Klagefrist, § 74 VwGO

VI. Beteiligten- und Prozessfähigkeit, §§ 61, 62 VwGO

VII. Sonstiges: ordnungsgemäße Klageerhebung (§§ 81, 82 VwGO), richtiger Beklagter (§ 78 VwGO), allgemeines Rechtsschutzbedürfnis

I. Eröffnung des Verwaltungsrechtswegs

Prüfungsschema

Nach den gesetzlichen Tatbestandsmerkmalen des § 40 I VwGO ist folgendermaßen vorzugehen: 23

1. **aufdrängende Sonderzuweisung**
2. **öffentlich-rechtliche Streitigkeit gem. § 40 I VwGO**
3. **nicht-verfassungsrechtlicher Art**
4. **keine abdrängende Sonderzuweisung**

hemmer-Methode: Es sei nochmals darauf hingewiesen, dass in der Zulässigkeit der Anfechtungsklage und gerade bei der Frage des Rechtsweges häufig gar keine Probleme auftauchen werden. Fassen Sie sich hier deshalb kurz. Das Herunterbeten angelernten Wissens bringt hier keine Pluspunkte und kostet nur wertvolle Zeit.
Legen Sie sich deshalb eine Standardformulierung zurecht, die Sie in den meisten Fällen benutzen können. Unser Vorschlag:

[2] Ausführlich **Hemmer/Wüst, Verwaltungsrecht I, Rn. 15 ff.**

„Der Verwaltungsrechtsweg gem. § 40 I VwGO ist eröffnet, da es sich um eine Streitigkeit auf dem Gebiet des öffentlichen Baurechts (Kommunalrechts, Polizeirechts, Gewerberechts etc.) handelt, die nicht verfassungsrechtlicher Art ist und für die keine anderweitige Zuweisung ersichtlich ist."

1. Aufdrängende Sonderzuweisung 24

Sonderzuweisung zu Verwaltungsgerichten (z.B. § 126 BBG)

Eine aufdrängende Sonderzuweisung liegt vor, wenn die Verwaltungsgerichte durch eine spezielle Rechtsnorm für zuständig erklärt werden. Bei einer derartigen Vorschrift entfällt eine Prüfung des § 40 I VwGO. Ein Beispiel hierfür sind § 126 I Bundesbeamtengesetz (BBG)[3] bzw. die entsprechenden Vorschriften der Landesgesetze, die die Verwaltungsgerichte in **allen** „beamtenrechtlichen" Streitigkeiten für zuständig erklärt.

2. Öffentlich-rechtliche Streitigkeit

öffentlich-rechtliche Streitigkeit

Für die Prüfung der öffentlich-rechtlichen Streitigkeit eignet sich folgende Vorgehensweise: 25

- ⇨ Festlegung des Streitgegenstands / Klagebegehrens
- ⇨ Zuordnung dieses Streitgegenstandes zu einer streitbeherrschenden Norm
- ⇨ Qualifikation dieser Norm als öffentlich-rechtlich oder privatrechtlich

a) Festlegung des Streitgegenstandes

Streitgegenstand

Der Streitgegenstand wird geklärt durch eine Festlegung des Klagebegehrens, d.h. es ist darzustellen, was der Kläger mit seiner Klage genau erreichen möchte, welchen Anspruch er gegen die öffentliche Hand zu haben glaubt. 26

hemmer-Methode: Die Bedeutung dieses Punktes wird meist unterschätzt. Dabei werden an diesem Punkt die Weichen auch für die Festlegung der richtigen Klageart gestellt. Arbeiten Sie hier genau, da sonst die Gefahr besteht, dass die Klausur das vorgegebene Thema verfehlt.

[3] Sartorius 150

b) Zuordnung

streitentscheidende Norm

Der zweite Schritt besteht in der Prüfung der Frage, nach welchen Normen dieser Streitgegenstand zu entscheiden ist. 27

Im „Normalfall" der Verwaltungsrechtsklausur, also der Anfechtungs- und Verpflichtungsklage, ist hier einfach auf die Rechtsgrundlage für den Verwaltungsakt abzustellen.

> ***Bsp.:*** *Begehrt der Bürger die Aufhebung einer Gaststättenerlaubnis, sind die streitentscheidenden Normen §§ 48, 49 VwVfG, da diese Vorschriften bestimmen, unter welchen Voraussetzungen eine Erlaubnis zu erteilen ist.*

Probleme ergeben sich hierbei i.R.d. Anfechtungsklage praktisch nicht. Die schwierigen Fälle finden sich bei der Verpflichtungsklage,[4] vor allem aber der allgemeinen Leistungsklage.[5]

c) Qualifikation

entscheidend ist streitbeherrschende Norm

Eine öffentlich-rechtliche Streitigkeit liegt dann vor, wenn die i.R.d. Zuordnung gefundene streitbeherrschende Norm als öffentlich-rechtliche zu qualifizieren ist. 28

hemmer-Methode: In aller Regel werden Sie auf diese Frage überhaupt nicht eingehen müssen. Dass Normen des BauGB, des GastG, GewO, der Landesbauordnungen u.Ä. dem öffentlichen Recht zuzuordnen sind, ist so selbstverständlich, dass es keiner Ausführungen bedarf.

Abgrenzungstheorien

Auf die in Lit. und Rspr. entwickelten Abgrenzungstheorien ist in aller Regel nicht vertieft einzugehen. 29

Diese daher nur in Kürze:

⇨ Nach der Interessentheorie zeichnen sich öffentlich-rechtliche Rechtsvorschriften durch die Verfolgung öffentlicher Interessen aus. Problematisch ist hier jedoch, dass das Öffentliche Recht auch Individualinteressen dienen kann.

---

4 Siehe u. Rn. 262 ff.

5 Siehe u. Rn. 340 ff.

⇨ Nach der Subordinationstheorie ist eine Rechtsnorm öffentlich-rechtlich, wenn sie ein Über-/Unterordnungsverhältnis zwischen Personen begründet. Problematisch ist hierbei jedoch, dass öffentliches Recht auch im Gleichordnungsverhältnis möglich ist, z.B. beim öffentlich-rechtlichen Vertrag.

⇨ Die herrschende modifizierte Subjektstheorie qualifiziert eine Norm als öffentlich-rechtlich, wenn sie sich ausschließlich an einen Träger öffentlicher Gewalt in dieser Funktion richtet.

3. Streitigkeit nicht verfassungsrechtlicher Art

keine doppelte Verfassungsunmittelbarkeit

Eine Streitigkeit ist nur dann verfassungsrechtlicher Art, wenn **zwei unmittelbar am Verfassungsleben Beteiligte** (Verfassungsorgane und deren Teile) sich **um materielles Verfassungsrecht streiten** (sog. **doppelte Verfassungsunmittelbarkeit**). *30*

Bspe.:

- *Für eine verfassungsrechtliche Streitigkeit: Bundesrat und Bundestag streiten darüber, ob der Bundesrat im Gesetzgebungsverfahren ausreichend berücksichtigt wurde (Organstreitverfahren, abstrakte Normenkontrolle)*

- *Gegen eine verfassungsrechtliche Streitigkeit: Ein Bürger beruft sich vor dem VG auf seine Grundrechte. Die doppelte Verfassungsunmittelbarkeit scheitert schon daran, dass der Bürger kein Verfassungsorgan ist.*

hemmer-Methode: Vergleichen Sie hierzu Hemmer/Wüst, „Die 44 wichtigsten Fälle zum Verwaltungsrecht“, Fall 2.

4. Keine abdrängende Sonderzuweisung, § 40 I S. 1 HS 2 und S. 2 VwGO

§ 40 I VwGO, andere Rechtswegzuweisung

Liegen die Voraussetzungen des § 40 I VwGO an sich vor, kann dennoch eine Sonderzuweisung an einen anderen Gerichtszweig bestehen. *31*

In der Praxis sind hierbei vor allem die Zuweisungen an die „besonderen“ Verwaltungsgerichte der Sozial- und Finanzgerichtsbarkeit nach § 51 Sozialgerichtsgesetz (SGG) bzw. § 33 Finanzgerichtsordnung (FGO) interessant.

Klausurrelevant dagegen sind alleine die Zuweisungen an die ordentliche Gerichtsbarkeit. 32

Eine wichtige Zuweisung für den Bereich des **Polizeirechts** findet sich in **§ 23 EGGVG**. 33

Doppelfunktion

Die Polizei hat eine doppelte Funktion:

⇨ Im präventiven Bereich muss sie Störungen der öffentlichen Sicherheit und Ordnung, also auch die Begehung von Straftaten, verhüten.

⇨ Im repressiven Bereich hat sie als Hilfsorgan der Staatsanwaltschaft die Aufgabe, Straftaten mit den Mitteln der StPO aufzuklären, § 163 StPO. Gleiches gilt für Ordnungswidrigkeiten, § 53 OWiG.

Justizverwaltungsakte

Für die Klärung der Rechtmäßigkeit des entsprechenden Vorgehens sind verschiedene Rechtswege eröffnet. Die repressiven „Justizverwaltungsakte" werden nach § 23 EGGVG[6] bzw. § 68 OWiG dem ordentlichen Rechtsweg zugewiesen, die präventiven Akte verbleiben im Verwaltungsrechtsweg nach § 40 I VwGO. 34

In Polizeirechtsfällen ist also danach zu fragen, ob die angegriffene Maßnahme im präventiven oder repressiven Bereich stattgefunden hat.

Problematisch ist dies insbesondere dann, wenn ein gesamter Polizeieinsatz beschrieben wird und der Charakter der Maßnahmen innerhalb des Einsatzes wechselt oder zu wechseln scheint.

> ***Bsp.:*** *Die Polizei schleppt ein falsch geparktes Fahrzeug ab.*
>
> Falschparken stellt zum einen i.d.R. eine Ordnungswidrigkeit dar, vgl. §§ 49 I Nr. 12, 13 StVO, sodass der repressive Tätigkeitsbereich der Polizei eröffnet ist, § 53 OWiG. Zum anderen besteht hier die Gefahr, dass das Dauerdelikt Falschparken weiterhin verwirklicht wird, sodass die Polizei auch präventiv tätig werden könnte.
>
> Das Abschleppen stellt jedenfalls nach seinem Schwerpunkt eine Maßnahme der Gefahrenabwehr dar, sodass über die Frage der Rechtmäßigkeit die Verwaltungsgerichte zu entscheiden haben, § 40 I VwGO.

---

6 Einführungsgesetz zum Gerichtsverfassungsgesetz, Schönfelder 95a.

Nur durch ein Abschleppen des Kfz kann die Gefahr für die öffentliche Ordnung beseitigt werden. Als repressive Maßnahme ist das Abschleppen aber nicht erforderlich, soweit zur Ahndung der Ordnungswidrigkeit, d.h. zum Erlass eines Bußgeldbescheides, auch das Aufschreiben der Nummer genügt hätte.

hemmer-Methode: Die Abgrenzung polizeilichen Handelns ist auch Thema von Hemmer/Wüst „Die 44 wichtigsten Fälle zum Verwaltungsrecht", Fall 3.

Eine weitere abdrängende Zuweisung auf dem Gebiet des Polizeirechts findet sich in den landesrechtlichen Vorschriften, die den Vorbehalt des ordentlichen Gerichts für die Entscheidung über Freiheitsentziehungen nach Art. 104 II GG realisieren, vgl. z.B. § 36 PolG NRW, Art. 18 II S. 2 BayPAG, § 22 VIII SächsPolG. 35

II. Statthaftigkeit der Anfechtungsklage

Anfechtungsklage: Aufhebung eines VA

Die Anfechtungsklage ist statthaft, wenn der Kläger die **Aufhebung eines Verwaltungsakts begehrt**, § 42 I Alt. 1 VwGO. Entscheidend hierfür ist wiederum das Klagebegehren. Die Statthaftigkeit der Anfechtungsklage ist in folgenden Schritten zu prüfen: 36

1. Vorliegen eines Verwaltungsakts: Voraussetzungen des **§ 35 VwVfG**, sowie ordnungsgemäße **Bekanntgabe**, § 41 VwVfG
2. Keine **Nichtigkeit** des Verwaltungsakts, § 44 VwVfG
3. Keine **Aufhebung** oder anderweitige Erledigung des Verwaltungsakts, § 43 II VwVfG

1. Vorliegen eines Verwaltungsakts, § 35 VwVfG[7]

Begriff des Verwaltungsakts

Zunächst ist der Tatbestand des § 35 VwVfG zu prüfen. 37

hemmer-Methode: Das Vorliegen eines VA ist in Klausuren meist unproblematisch und kann mit dem Hinweis, dass „die Anfechtungsklage richtige Klageart ist, da es sich hier um einen VA i.S.d. § 35 VwVfG handelt", erledigt werden. Sollte sich ausnahmsweise ein Problem ergeben, sind die Tatbestandsmerkmale der VA-Definition aus § 35 S. 1 VwVfG einzeln durchzuprüfen.

---

[7] Ausführlich **Hemmer/Wüst, Verwaltungsrecht I, Rn. 54 ff.**

a)	Maßnahme einer **Behörde**, § 1 IV VwVfG
b)	zur **Regelung**
c)	eines **Einzelfalls**
c)	auf dem Gebiet des **Öffentlichen Rechts** (in der Klausur regelmäßig bereits i.R.d. § 40 VwGO bejaht)
d)	gerichtet auf **unmittelbare Rechtswirkung nach außen**

Die klausurtypischen Probleme liegen hauptsächlich in den Begriffen der Regelung, des Einzelfalls und der Außenwirkung.

a) Behörde

§ 1 IV VwVfG

Für den Behördenbegriff des § 35 VwVfG ist die Legaldefinition in § 1 IV VwVfG anzuwenden.[8] Behörde ist danach jede Stelle, die Aufgaben der öffentlichen Verwaltung wahrnimmt. Abzugrenzen ist die Verwaltungstätigkeit hierbei von den anderen Staatsfunktionen der legislativen Tätigkeit und der Judikative. *38*

§ 1 IV VwVfG knüpft also an die Teilung der Staatsgewalten in Gesetzgebung, Verwaltung und Rechtsprechung an. Verfassungsrechtlich ist diese in Art. 20 II S. 2 GG verankert. Entscheidend ist, dass es nicht auf die organisatorische Einordnung der handelnden Stelle ankommt, sondern auf die konkret wahrgenommene Aufgabe. § 1 IV VwVfG normiert einen **funktionellen oder materiellen Behördenbegriff**.

> ***Bsp.:*** *Der Bundestagspräsident ist organisatorisch Teil des Legislativorgans Bundestag. Entscheidet er aber über die staatliche Parteienfinanzierung, so nimmt er hierbei keine Aufgaben der Gesetzgebung wahr, sondern der Verwaltung. Er ist dann Behörde i.S.d. §§ 1 IV, 35 VwVfG.*

8 In den VwVfG der Länder häufig in Abs. 2, vgl. § 1 II VwVfG NRW, Art. 1 II BayVwVfG, § 1 II SächsVwVfG.

b) Regelung

Regelung: auf die Setzung einer Rechtsfolge gerichtet

Eine Regelung ist eine behördliche Handlung, die **auf die Setzung einer Rechtsfolge gerichtet** ist. Aus diesem Begriff fallen Absichtserklärungen, Meinungsäußerungen, Auskünfte,[9] Hinweise, Empfehlungen usw. heraus. Diese können als nicht-regelnde Erklärungen unter dem Oberbegriff der Mitteilungen zusammengefasst werden. Von den Erklärungen insgesamt sind auch die tatsächlichen Handlungen abzugrenzen, die sog. Realakte. Diese sind nicht auf die Setzung einer Rechtsfolge, sondern auf einen tatsächlichen Erfolg gerichtet. Realakte sind der Abriss eines Hauses, die Fahrt mit dem Kfz, der Schlag mit dem Schlagstock, wobei die h.M. hier in den Schlag die konkludente Verpflichtung, diesen zu dulden, hineinliest und so zu einer Regelung gelangt (Stichwort: Immanente Duldungsverfügung). 39

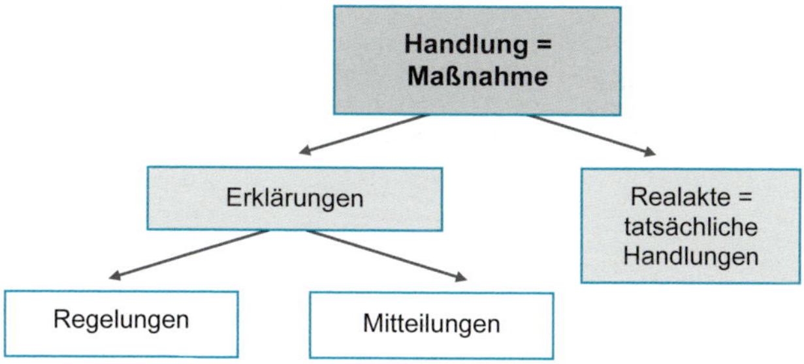

objektiver Empfängerhorizont entscheidend

Während die Abgrenzung der Regelungen zu den Realakten zumeist nach dem äußeren Erscheinungsbild behördlichen Handelns gelingt, kann dies bei den Mitteilungen Schwierigkeiten aufwerfen. Ob eine behördliche Erklärung auf die Setzung einer Rechtsfolge gerichtet ist oder nicht, ist aufgrund ihres **Erklärungswerts** nach dem **objektiven Empfängerhorizont** zu beurteilen.[10] 40

hemmer-Methode: Für die Auslegung von Erklärungen gilt daher im Verwaltungsrecht der gleiche Maßstab wie im Zivilrecht! Deshalb können Sie an dieser Stelle auch §§ 133, 157 BGB anführen – natürlich in analoger Anwendung!

---

[9] Zu den Auskünften u. Rn. 270 ff. bei der Verpflichtungsklage.

[10] BverwGE 57, 26 (29); 100, 206 (207); BGHZ 138, 15 (19); VGH München, BayVBl. 1993, 374.

Problem: Wiederholende Verfügung oder Zweitbescheid

In diesem Zusammenhang stellt sich auch die Problematik der Abgrenzung zwischen wiederholender Verfügung (Hinweis auf bereits bestehende Regelung, kein neuer VA) und Zweitbescheid (inhaltlich mit einem vorangegangenen VA übereinstimmender neuer VA, der nach erneuter Sachprüfung ergeht). 41

Wird zunächst ein Verwaltungsakt erlassen und bezieht sich die Behörde später in einem weiteren Schreiben auf die zuvor erlassene Regelung, so stellt sich die Frage, ob das zweite Schreiben eine eigene Regelung trifft, die inhaltlich der ersten Maßnahme entspricht, oder aber lediglich auf den erlassenen Verwaltungsakt hinweist. Im ersteren Fall handelt es um einen sog. Zweitbescheid, der eine Regelung und damit einen Verwaltungsakt darstellt. Im letzteren Fall fehlt dagegen die Verwaltungsakt-Qualität.

hemmer-Methode: Die Abgrenzung wiederholende Verfügung und Zweitbescheid finden Sie am Beispiel eines behördlichen Verbots in Hemmer/Wüst „Die 44 wichtigsten Fälle zum Verwaltungsrecht“, Fall 5.

Zusicherung

Das Vorliegen einer Regelung ist auch bei einer Zusicherung nach § 38 I VwVfG fraglich. Hier wird zum Teil darauf abgestellt, dass eine Zusicherung selbst noch keine Regelung enthält, sondern eben nur eine solche in Aussicht stellt, sodass kein Verwaltungsakt vorliegt. Hierfür spricht auch § 38 II VwVfG, der einige Vorschriften über Verwaltungsakte für „entsprechend“ anwendbar erklärt – was überflüssig wäre, läge tatsächlich ein Verwaltungsakt vor. Andererseits begründet eine Zusicherung einen Anspruch auf einen künftigen Verwaltungsakt und stellt insoweit eine unmittelbare Regelung dar, sodass die wohl h.M. auch in der Zusicherung bereits einen Verwaltungsakt sieht.

c) Auf dem Gebiet des Öffentlichen Rechts

wie in § 40 I VwGO

In aller Regel läuft diese Prüfung parallel zu der Frage, ob eine **öffentlich-rechtliche Streitigkeit** im Sinne von § 40 I VwGO vorliegt. Bei der Anfechtungsklage treten hierbei zumeist keine Schwierigkeiten auf, anders bei der noch zu erörternden Verpflichtungsklage.[11] 42

[11] Siehe u. Rn. 262 ff.

d) Auf unmittelbare Rechtswirkung nach außen gerichtet

Außenwirkung oder nur Verwaltungsinternum?

Unmittelbare Rechtswirkung nach außen besitzt eine behördliche Entscheidung dann, wenn die Regelung einen anderen Rechtskreis betrifft. Erforderlich ist eine Abgrenzung zum bloßen **Verwaltungsinternum**. 43

Die Außenwirkung wird regelmäßig in bestimmten Fallgruppen problematisch, die Sie kennen müssen:

- ⇨ Maßnahmen im **Beamtenverhältnis** und anderen sog. **Sonderstatusverhältnissen** (u. Rn. 44 ff.)
- ⇨ Verwaltungsvorschriften
- ⇨ **Aufsichtsmaßnahmen** gegenüber anderen Verwaltungsträgern (u. Rn. 50 ff.)
- ⇨ sonstige Maßnahmen innerhalb von oder zwischen Verwaltungsträgern

aa) Beamtenverhältnis und andere sog. Sonderstatusverhältnisse

sog. Sonderstatusverhältnisse

In bestimmten Fällen steht der Einzelne in einer **besonderen Nähebeziehung zum Staat**. Beispiele hierfür sind das Beamtenverhältnis, aber auch: 44

- ⇨ Richter
- ⇨ Soldaten
- ⇨ Zivildienstleistende
- ⇨ Schüler
- ⇨ Strafgefangene

Zwar werden diese Rechtsverhältnisse nicht alle freiwillig von Seiten des Einzelnen begründet, wie sich am Beispiel des Strafgefangenen, aber auch des Zivildienstleistenden und des (seinen Wehrdienst ableistenden) Soldaten zeigt. Dennoch wird in allen diesen Fällen die Voraussetzung problematisiert, ob eine Maßnahme gegenüber dem Schüler, Soldaten oder Studenten auf unmittelbare Rechtswirkung nach außen gerichtet ist im Sinne des § 35 VwVfG.

Im 19. Jahrhundert, lange vor Inkrafttreten des Grundgesetzes, wurden diese Beziehungen als „besondere Gewaltverhältnisse“ bezeichnet.

Dieser Begriff stand hierbei für die teilweise Rechtlosigkeit des Individuums, dem weitgehend keine Grundrechte zustehen sollten und aus diesem Grund für belastende Maßnahmen auch keine gesetzliche Grundlage erforderlich war.[12]

umfassende Grundrechtsgeltung, Art 1 III GG

Diese Auffassung ist mit dem Grundgesetz nicht vereinbar. Denn zum einen ist gem. Art. 1 III GG jegliche Staatsgewalt an die Grundrechte gebunden. Zum anderen sind die Grundrechte, wie sich aus einer Lektüre des Grundgesetzes (vgl. Art. 17a GG) ergibt, in vollem Umfang für Beamte, Soldaten und Studenten anwendbar, auch wenn diese gerade in ihrer Eigenschaft als Beamte, Soldaten und Studenten betroffen werden. *45*

hemmer-Methode: Das „besondere Gewaltverhältnis“ ist lange tot, und hat in der Entscheidung BVerfGE 33, 1 ein Staatsbegräbnis erster Klasse bekommen. Die damit zusammenhängenden rechtlichen Fragen sind ebenfalls geklärt: Die Grundrechte schützen auch den Beamten, Schüler, Studenten usw. Belastungen bedürfen hierbei einer gesetzlichen Grundlage. Schwierig ist alleine die Anwendung des § 35 VwVfG. Die Entwicklung geht aber weiter: So verwendet das BVerfG in seinen „Kopftuch-Entscheidungen“[13] sogar den Begriff des „Sonderstatusverhältnisses“ nicht mehr – obwohl dies in gutachterlichen Stellungnahmen vor dieser Entscheidung eine große Rolle spielte. Dies ist konsequent, da auch bei Beamten, Soldaten usw. eben **überhaupt keine grundsätzlichen Unterschiede mehr zum sonstigen, „normalen“ Staat-Bürger-Verhältnis** bestehen!

rein innerdienstliche Maßnahmen

Bestimmte Maßnahmen sind nicht auf unmittelbare Rechtswirkung nach außen gerichtet, sondern wirken lediglich **verwaltungsintern**. *46*

> **Bsp.:** *Die Einteilung eines Schülers zum Tafeldienst stellt mangels Außenwirkung keinen VA dar. Ebenso die Weisung an einen Beamten, die Akten in einer bestimmten Reihenfolge zu bearbeiten.*

betroffen als Privatperson

Zugleich ist aber unstrittig, dass andere Maßnahmen Außenwirkung und Verwaltungsaktqualität haben. Der Beamte kann **als Privatperson** und damit **außerhalb des verwaltungsinternen Bereichs** betroffen sein. *47*

---

12 Zum Erfordernis einer Ermächtigungsgrundlage und dem verfassungsrechtlichen Grundsatz des Vorbehalts des Gesetzes s.u. Rn. 158 ff.

13 BVerfGE 108, 282 = NJW 2003, 3111 sowie Beschluss vom 27.01.2015, 1 BvR 471/10 = Life&Law 2015, 437.

> ***Bspe.:*** *Die Versetzung oder Nichtversetzung eines Schülers in die nächste Klasse.*[14] *Die Einstellung, Beförderung oder Entlassung eines Beamten.*[15]

Daneben sind aber auch schwierige Grenzfälle denkbar.

> ***Bspe.:*** *Die Ablehnung eines Urlaubsgesuchs des Beamten, die Zuweisung eines Schülers in eine Parallelklasse aus organisatorischen Gründen.*

h.M.: Amtsstellung – persönliche Rechtsstellung

Für die Beamten unterscheidet die h.M. danach, ob der Beamte lediglich in seiner **Amtsstellung** oder aber seiner **persönlichen Rechtsstellung** berührt ist. Im wesentlich nur ein anderer begrifflicher Ansatzpunkt ist die die Frage nach dem **Grund- bzw. Betriebsverhältnis**. *48*

hemmer-Methode: Die Aussagekraft dieser Formeln ist begrenzt, und entbindet nicht von der Wertungsentscheidung, wie weit die persönliche Rechtsstellung des Beamten gehen soll und wo sie endet. Behelfen Sie sich mit den Überlegungen: Wie wichtig ist die Sache für den Beamten? Wie häufig kommt eine solche Entscheidung vor?

oder: Grund- und Betriebsverhältnis

Die Unterscheidung von Grund- und Betriebsverhältnis wird nach wie vor angewendet für das Schüler- und das Studentenverhältnis.[16] Die Begriffe Amtsstellung und persönliche Rechtsstellung sollten Sie daher für die Beamten reservieren. *49*

> ***Bsp.:*** *Während der Ablehnung eines Urlaubsgesuchs die Außenwirkung zugesprochen wird,*[17] *wird die Einordnung eines Schülers in eine Parallelklasse als Verwaltungsinternum angesehen.*[18] *Anders soll dies sein, wenn sie nicht aus organisatorischen, sondern aus erzieherischen Gründen erfolgt.*[19]

hemmer-Methode: Die Außenwirkung kann nicht nur im Rahmen einer Anfechtungsklage, sondern auch bei der Verpflichtungsklage problematisch sein. Die Verpflichtungsklage des Beamten auf Nebentätigkeitsgenehmigung ist dargestellt in Hemmer/Wüst „Die 44 wichtigsten Fälle zum Verwaltungsrecht", Fall 25.

---

14 Kopp/Schenke, Anh § 42 VwGO, Rn. 71.

15 Kopp/Schenke, Anh § 42 VwGO, Rn. 69.

16 VGH Mannheim, NVwZ-RR 1999, 636; Kopp/Schenke, Anh § 42 VwGO, Rn. 71 = **juris**byhemmer (wenn dieses Logo hinter einer Fundstelle abgedruckt wird, finden Sie die Entscheidung online unter „juris by hemmer": www.hemmer.de).

17 Kopp/Schenke, Anh § 42 VwGO, Rn. 69.

18 OVG Hamburg, NVwZ-RR 2005, 40 f. = **juris**byhemmer.

19 OVG Bremen, NJW 2003, 1962. = **juris**byhemmer.

Kein zulässiges Argument ist es, die Annahme eines Verwaltungsakts damit zu begründen, dem Betroffenen der Maßnahme solle wegen Art. 19 IV GG **Rechtsschutz** zu Teil werden. Da § 40 I S. 1 VwGO den Rechtsschutz in **allen** öffentlich-rechtlichen Streitigkeiten nicht-verfassungsrechtlicher Art ermöglicht, kommt es für den Zugang zu den Verwaltungsgerichten nicht darauf an, ob ein Verwaltungsakt vorliegt.[20] Das Vorliegen eines Verwaltungsakts entscheidet prozessual lediglich darüber, welche **Klageart** statthaft ist, und damit, welche **klageartspezifischen Zulässigkeitsvoraussetzungen** gelten.

bb) Aufsichtsmaßnahmen gegenüber anderen Verwaltungsträgern

Aufsicht über Gemeinden

Probleme bereiten immer wieder Maßnahmen, die von einer Aufsichtsbehörde gegenüber der ihr „unterstellten" Behörde getroffen werden. Hauptbeispiel sind hier die Gemeinden. 50

> **Bsp.:** *Die Aufsichtsbehörde beanstandet den Abschluss eines Vertrags durch den Bürgermeister mit einem privaten Dritten;*[21] *sie ordnet den Erlass einer Haushaltssatzung an.*[22]

Im Unterschied zu den Weisungen an einen Beamten wird hier nicht lediglich innerhalb ein und derselben Behörde gehandelt, sondern eine **andere juristische Person** des Öffentlichen Rechts angesprochen.

hemmer-Methode: Statt von juristischen Personen wird im Öffentlichen Recht auch häufig von Verwaltungsträgern oder Rechtsträgern gesprochen. Die Begriffe meinen dasselbe, nämlich dass eine Stelle rechtlich verselbstständigt ist. Dies muss stets gesetzlich angeordnet sein: Auch für die Errichtung und Organisation der Behörden gilt der verfassungsrechtliche Grundsatz des Vorbehalts des Gesetzes, Art. 20 III GG, in diesem Zusammenhang auch als „institutioneller Gesetzesvorbehalt" bezeichnet.

selbstständig wahrgenommener Aufgabenkreis der Gemeinden

Die Gemeinden sind selbstständige Verwaltungsträger.[23] Dies genügt aber **noch nicht**, um die Außenwirkung von Maßnahmen bejahen zu können. 51

---

[20] Dies war vor Inkrafttreten der VwGO anders, da nach den zuvor geltenden Prozessordnungen Rechtsschutz im Wesentlichen davon abhing, ob um einen Verwaltungsakt gestritten wurde.

[21] Zur Beanstandung vgl. z.B. § 122 II S. 1 GO NRW, Art. 112 S. 1 BayGO, § 114 I SächsGO.

[22] Zur Anordnungsbefugnis vgl. z.B. § 123 I GO NRW, Art. 112 S. 2 BayGO, § 115 SächsGO.

[23] Z.B. § 1 II GO NW, Art. 1 S. 1 BayGO, § 1 III SächsGO.

Erforderlich ist vielmehr darüber hinaus, dass die Gemeinde in einem **Aufgabenkreis** betroffen ist, der ihr zur **selbstständigen Wahrnehmung und Entscheidung** zusteht.

mindestens zwei Aufgabenarten unterscheiden

Es kommt darauf an, welche Aufgaben das Landesrecht den Gemeinden in dieser Weise zuordnet. Hierbei werden in allen Bundesländern mindestens zwei Arten gemeindlicher Aufgaben unterschieden, in vielen Ländern auch mehr. 52

In **Nordrhein-Westfalen** beispielsweise liegt die Außenwirkung sowohl bei den weisungsfreien Aufgaben (§§ 2, 3 I GO NW) als auch bei den Pflichtaufgaben zur Erfüllung nach Weisung (§ 3 II GO NW) vor. Nur die in § 132 GO NRW erwähnten Auftragsangelegenheiten sind hiervon ausgenommen.

In **Bayern** wird zwischen eigenem und übertragenem Wirkungskreis unterschieden. In ersterem ist die Außenwirkung gegeben, während sie im übertragenen Wirkungskreis noch z.T. verneint wird, da hier die Gemeinde nur als verlängerter Arm des Staates handele. Allerdings gehört auch der übertragene Wirkungskreis zu den Gemeindeaufgaben. Die Gemeinde handelt gerade nicht als Staatsbehörde.[24]

In **Baden-Württemberg** ist zwischen weisungsfreien und Weisungsaufgaben zu differenzieren. Die Außenwirkung fehlt bei Aufsichtsmaßnahmen, die Weisungsaufgaben betreffen.[25] Die gleiche Rechtslage besteht in **Sachsen**.[26]

hemmer-Methode: Weitere Einzelheiten müssen hier dem Kommunalrecht vorbehalten bleiben. An dieser Stelle kann es nur darum gehen, Ihr Problembewusstsein zu schärfen: Es kommt auf die konkrete Aufgabe an, die von einer bestimmten Aufsichtsmaßnahme betroffen wird. Näheres finden Sie dann im Landesrecht Ihres Bundeslandes, in der Gemeindeordnung.

e) Einzelfall

Im Einzelfall ⇨ konkret-individuell

Ein weiteres Problem innerhalb des VA-Begriffes stellt die Abgrenzung von VAen in Form der Allgemeinverfügung, § 35 S. 2 VwVfG, zu Rechtsverordnungen und Satzungen dar. 53

---

24 Dazu ausführlich **Hemmer/Wüst, Kommunalrecht Bayern, Rn. 123 f.**

25 **Hemmer/Wüst, Kommunalrecht Baden-Württemberg, Rn. 134.**

26 Weisungsfreie Aufgaben gem. §§ 2, 3 I SächsGO, Weisungsaufgaben gem. § 3 II SächsGO.

⇨ Abgrenzung zur Rechtsnorm

Eine Rechtsnorm ist zumeist abstrakt, d.h. für eine Vielzahl möglicher Fälle, und generell, d.h. für eine Vielzahl von Adressaten. 54

Eine Allgemeinverfügung hingegen ist konkret, d.h. sie erfasst nur einen bestimmten Sachverhalt, und generell.

Dabei sind die drei Erscheinungsformen der Allgemeinverfügung auseinander zu halten: 55

⇨ § 35 S. 2 Var. 1 VwVfG, die sog. adressatenbezogene Allgemeinverfügung, d.h. für eine noch unbestimmte Anzahl von betroffenen Personen wird eine bestimmte Situation geregelt.

Bsp.: *Verbot des Betretens eines baufälligen Hauses.*

⇨ § 35 S. 2 Var. 2 VwVfG, die sog. sachbezogene Allgemeinverfügung oder der „dingliche VA", der sich auf die öffentlich-rechtliche Eigenschaft einer Sache bezieht.

Bsp.: *Widmung oder Umbenennung einer Straße.*

⇨ § 35 S. 2 Var. 3 VwVfG, die sog. benutzungsregelnde Allgemeinverfügung.

Bsp.: *Verkehrszeichen[27] oder Regelungen für die Benutzung öffentlicher Einrichtungen.*

Hier wird für die Abgrenzung auf die äußere Form zurückgegriffen, da sich der Bürger für seinen Rechtsschutz auf dieses äußere Erscheinungsbild verlassen darf.[28] 56

Abgrenzungskriterien sind:

⇨ das „äußere Erscheinungsbild", d.h. z.B. Einteilung in Paragraphen, die für eine Rechtsverordnung spricht,

⇨ die von der Behörde gewählte Bezeichnung,

⇨ Art und Weise des Erlasses und der Bekanntgabe.

Nur wenn sich danach kein eindeutiges Ergebnis herausstellt, muss auf den Inhalt zurückgegriffen werden. Man muss sich dann die Frage stellen, ob eine abstrakt-generelle Regelung, also eine Rechtsnorm, oder eine konkret-generelle Regelung vorliegt. 57

---

[27] Vgl. insbesondere zur Bekanntgabe von Verkehrszeichen BVerwG, Urteil vom 23.09.2010, 3 C 37/09 = **Life&Law 2011, 189**.

[28] Allgemein zu diesem Gedanken auch bei den anderen Voraussetzungen des § 35 VwVfG u. Rn. 37 ff.

hemmer-Methode: Einen Klausurfall zu dem Merkmal des „Einzelfalls“ finden Sie in Hemmer/Wüst „Die 44 wichtigsten Fälle zum Verwaltungsrecht“ Fall 6!

f) Qualifikation des VA nach dem äußeren Erscheinungsbild

Qualifikation als VA nach dem äußeren Erscheinungsbild

In der Rechtsprechung wird zudem auf die Form des behördlichen Handelns zurückgegriffen, um die Qualifikation als Verwaltungsakt zu begründen.[29] Soweit der objektiv feststellbare äußere Eindruck eines VA hervorgerufen wird, soll dieser Akt auch mit der Anfechtungsklage angreifbar sein. 58

Solche entscheidenden äußeren Punkte sind insbesondere: 59

⇨ Der schriftliche Erlass unter der Bezeichnung „Verfügung“, „Anordnung“ o.Ä.

⇨ Handlungsanordnungen an den Betroffenen, evtl. mit Fristsetzungen.

⇨ Der Aufbau des Schreibens, unter Verwendung eines Verfügungssatzes und einer Begründung.

⇨ Beifügung einer Rechtsbehelfsbelehrung.

hemmer-Methode: Sofern die schriftliche Maßnahme nach dem äußeren Anschein als Verwaltungsakt gewollt ist, könnten Sie daher alleine darauf abstellen und eine Prüfung des § 35 VwVfG dahin gestellt sein lassen. Doch Vorsicht! In der Klausur ist regelmäßig nicht gewollt, dass Sie die klassischen Probleme des Verwaltungsakts auf diesem Weg umgehen! Diese sollten Sie dennoch prüfen, und allenfalls als „Überdies“-Argument die Form anbringen!

g) Bekanntgabe des Verwaltungsakts, § 41 VwVfG[30]

ordnungsgemäße Bekanntgabe

Voraussetzung für die Statthaftigkeit der Anfechtungsklage ist weiterhin, dass der Verwaltungsakt ordnungsgemäß bekannt gegeben wurde, da erst mit der Bekanntgabe der Verwaltungsakt wirksam wird, § 43 I VwVfG. Die Bekanntgabe ist in § 41 VwVfG geregelt. 60

29 Krit. dazu Kopp/Schenke, Anh § 42 VwGO, Rn. 5.

30 Vgl. umfassend hierzu „Bekanntgabe, Zustellung, Fristen in der öffentlich-rechtlichen Klausur“, **Life&Law 2007, 60, 208, 418**.

hemmer-Methode: Der Verwaltungsakts-Begriff in § 42 I VwGO für die Statthaftigkeit der Anfechtungsklage ist nicht identisch mit dem des § 35 VwVfG, wie sich bereits hier zeigt! Erforderlich ist nicht nur der Tatbestand des Verwaltungsakts gem. § 35 VwVfG, sondern dessen Bekanntgabe. Zudem darf der Verwaltungsakt nicht nichtig und nicht erledigt sein. Diese zusätzlichen Voraussetzungen lassen sich dahingehend zusammenfassen, dass § 42 I VwGO einen wirksamen Verwaltungsakt erfordert!

Definition Bekanntgabe

Eine Legaldefinition der Bekanntgabe findet sich in § 41 VwVfG nicht. Erforderlich ist bei einem schriftlichen Verwaltungsakt, dass das Schriftstück **mit Wissen und Wollen der Behörde in den Machtbereich des Empfängers gelangt und unter normalen Umständen mit der Kenntnisnahme durch den Empfänger zu rechnen ist**.[31] 61

hemmer-Methode: Diese Definition kommt Ihnen zu Recht bekannt vor: Sie ist praktisch identisch mit dem Begriff des Zugangs einer Willenserklärung gem. § 130 BGB! Deshalb kann diese Vorschrift auch hier analog angewendet werden! Sie sehen: Bei allen grundlegenden Unterschieden besteht eine Gemeinsamkeit zwischen der Willenserklärung i.S.d. BGB und dem Verwaltungsakt des VwVfG und der VwGO.
Beides sind Erklärungen, die auf die Setzung einer Rechtsfolge gerichtet sind! Soll die zu setzende Rechtsfolge zum Nachteil einer anderen Person wirken, so ist sowohl im Öffentlichen Recht als auch im Zivilrecht für die Wirksamkeit erforderlich, dass die Möglichkeit der Kenntnisnahme besteht. Was im Zivilrecht für empfangsbedürftige Willenserklärungen gilt, muss nicht zuletzt aus rechtsstaatlichen Gründen auch für den Verwaltungsakt gelten. Denn dieser ist immer darauf gerichtet, gegenüber anderen Personen zu wirken. Dies ergibt sich bereits begrifflich aus dem Merkmal der „Außenwirkung"![32]

Bekanntgabe liegt demnach vor, wenn das behördliche Schreiben verschickt wird und im Briefkasten des Empfängers liegt. Natürlich genügt auch eine persönliche Übergabe durch einen Behördenbediensteten. Bei mündlichen Verwaltungsakten (sehr häufig im Polizeirecht!) muss die Erklärung gegenüber dem Empfänger so erfolgen, dass dieser sie verstehen kann.

für Statthaftigkeit der Anfechtungsklage genügt Bekanntgabe an eine Person

Erforderlich ist für die Statthaftigkeit lediglich, dass überhaupt eine ordnungsgemäße Bekanntgabe an **irgendeine Person** vorliegt. 62

[31] Zur Bekanntgabe des Verwaltungsakts vgl. **Fall 9 aus „Die 44 wichtigsten Fälle zum Verwaltungsrecht" von Hemmer/Wüst**.

[32] Siehe o. Rn. 43 ff.

„Empfänger" i.S.d. vorstehenden Absätze muss also nicht der Kläger sein! Die Anfechtungsklage ist statthaft, wenn ein Verwaltungsakt objektiv vorliegt, d.h. „rechtliche Existenz" gegeben ist: Diese erfordert aber nur die Bekanntgabe an eine einzige Person.

Zwar verpflichtet § 41 I S. 1 VwVfG die Behörde, einen Verwaltungsakt jedem bekannt zu geben, der von ihm betroffen wird.

Zudem wirkt der Verwaltungsakt gem. § 43 I S. 1 VwVfG lediglich gegenüber denjenigen Personen, an die er bekannt gegeben wurde. Dies spielt allerdings für die Statthaftigkeit der Anfechtungsklage keine Rolle. Der Verwaltungsakt ist wirksam und die Anfechtungsklage damit statthaft, sobald er an einen Beteiligten bekanntgegeben wurde. Ob der Verwaltungsakt auch an den Kläger bekannt gegeben wurde und zu welchem Zeitpunkt dies geschah, ist aber für die Widerspruchsfrist des § 70 I VwGO wichtig.[33]

2. Keine Nichtigkeit des Verwaltungsakts, § 44 VwVfG

hemmer-Methode: In Klausur und Praxis ist die Nichtigkeit des Verwaltungsakts der absolute Ausnahmefall. Wenn nicht deutliche Anhaltspunkte dafür vorhanden sind, dass ein ganz krasser Fehler vorliegt, sprechen Sie § 44 VwVfG in Ihrer Prüfung überhaupt nicht an.

nichtiger Verwaltungsakt

Ein nichtiger Verwaltungsakt ist unwirksam, § 43 III VwVfG. 63
Die Anfechtungsklage, als deren Resultat das Gericht die Aufhebung des Verwaltungsakts ausspricht (§ 113 I S. 1 VwGO), ist nur erforderlich, wenn eine wirksame Regelung in einem Verwaltungsakt vorliegt.

Demgegenüber bedarf eine unwirksame Regelung keiner Aufhebung, da sie ja ohnehin nicht gültig ist. Für den Fall eines nichtigen Verwaltungsakts sieht § 43 I Alt. 3 VwGO daher die Möglichkeit der **Nichtigkeitsfeststellungsklage** vor, als deren Resultat im Urteil eben jede Nichtigkeit ausgesprochen wird.[34]

hemmer-Methode: Vgl. Sie zur Nichtigkeitsfeststellungsklage unten Rn. 377 und Hemmer/Wüst „Die 44 wichtigsten Fälle zum Verwaltungsrecht", Fall 43.

---

[33] Siehe u. Rn. 131 ff.; vgl. hierzu auch OVG Magdeburg, Beschluss vom 27.05.2008, 2 M 72/08 = **Life&Law 12/2008**.

[34] Dazu u. Rn. 377, 392.

Dennoch wird vertreten, dass auch bei einem nichtigen Verwaltungsakt die Anfechtungsklage statthaft sein soll.[35] Begründet wird dies mit dem Bedürfnis, den Rechtsschein eines – wirksamen – Verwaltungsakts zu beseitigen. Zudem ist für den Bürger oft nicht ersichtlich, ob der Verwaltungsakt nichtig ist oder nicht, sodass er schon um die Bestandskraft des eventuell „nur" rechtswidrigen Verwaltungsakts zu vermeiden, Anfechtungsklage einreichen sollte. 64

EXKURS: Prüfung der Nichtigkeit eines Verwaltungsaktes

Bei der Prüfung des § 44 VwVfG sollten Sie zunächst bei den Absätzen 3 und 2 beginnen. Denn diese enthalten spezielle Fehler, die niemals (Abs. 3) oder immer (Abs. 2) den Verwaltungsakt nichtig machen. 65

Greifen Abs. 3 und Abs. 2 des § 44 VwVfG nicht ein, so müssen Sie den Grundtatbestand des § 44 I VwVfG prüfen. Dieser erfordert einen besonders schwerwiegenden Fehler des Verwaltungsakts und dessen Offensichtlichkeit.

„Fehler" im Sinne des § 44 I VwVfG bedeutet Rechtswidrigkeit.[36] In Betracht kommt daher jeglicher Verstoß gegen Rechtsvorschriften, die rechtliche Anforderungen an die behördliche Maßnahme stellen.

Sodann ist zu untersuchen, welche Intensität der Rechtsfehler aufweist und ob dies offensichtlich ist. Wichtigster Fall des nichtigen Verwaltungsakts sind Verstöße gegen das Bestimmtheitsgebot gem. § 37 I VwVfG. Allerdings ist auch nicht jeder unbestimmte Verwaltungsakt zugleich nichtig. 66

hemmer-Methode: Arbeiten Sie zum Verhältnis von Unbestimmtheit und Nichtigkeit des Verwaltungsakts den Fall 43 aus Hemmer/Wüst „Die 44 wichtigsten Fälle zum Verwaltungsrecht" durch!
Zur Klarstellung: Im Rahmen der Statthaftigkeit sollten Sie die Nichtigkeit eines Verwaltungsakts nicht umfassend prüfen. Es reicht wenn Sie klarstellen, dass auch bei einer etwaigen Nichtigkeit die h.M. aus oben genannten Gründen eine Anfechtungsklage für statthaft hält.

EXKURS ENDE

[35] Kopp/Schenke, § 42 VwGO, Rn. 3.

[36] Kopp/Ramsauer, § 44 VwVfG, Rn. 1.

3. Verwaltungsakt nicht aufgehoben oder anderweitig erledigt

Aufhebung des Verwaltungsakts

a) Eine Anfechtungsklage ist nicht statthaft, wenn ein Verwaltungsakt zwar erlassen wurde und zunächst auch wirksam war, später aber **aufgehoben** wurde. 67

Eine Aufhebung kann durch eine Behörde erfolgen. Allgemeine Rechtsgrundlagen für die Aufhebung von Verwaltungsakten sind §§ 48, 49 VwVfG.[37]

Auch in diesem Fall besteht kein Bedürfnis mehr, eine Anfechtungsklage zuzulassen, da diese gem. § 113 I S. 1 VwGO auf die Aufhebung des Verwaltungsakts gerichtet wäre. Ist der Verwaltungsakt aber bereits aufgehoben, kann kein Interesse an einer nochmaligen Aufhebung bestehen. Denn das Gericht würde im Urteil nichts anderes aussprechen, als es bereits die Behörde getan hat. 68

Das Gleiche gilt, wenn zuvor bereits eine Aufhebung durch ein Gericht erfolgt ist, gem. § 113 I S. 1 VwGO als Ergebnis einer erfolgreichen Anfechtungsklage. Hier ist noch deutlicher, dass kein Grund für eine - nochmalige (!) - gerichtliche Aufhebung bestehen kann.

anderweitige Erledigung

b) Daneben gibt es noch weitere Fälle, in denen eine Aufhebung des Verwaltungsakts nicht mehr von Interesse ist, weil die mit dem Verwaltungsakt verbundene **rechtliche Belastung entfallen** ist. **§ 43 II VwVfG** nennt hierbei den Zeitablauf sowie die Erledigung in anderer Weise. 69

durch Zeitablauf

Eine Erledigung durch **Zeitablauf** kommt einerseits in Betracht, wenn der Verwaltungsakt selbst ein Datum oder einen Zeitraum enthält, auf den er bezogen ist. 70

> ***Bsp.:*** *Die Behörde untersagt D, die von ihm für den nächsten Sonntag geplante Versammlung durchzuführen (vgl. § 15 I VersG).*[38]

Eine Erledigung durch Zeitablauf liegt auch dann vor, wenn sich aus den Umständen ergibt, dass die Regelung nur auf einen begrenzten Zeitraum bezogen ist.

> ***Bsp.:*** *Der Polizeibeamte P fordert eine Menschenmenge auf, die sich auf dem Rathausplatz versammelt hat, den Platz zu verlassen.*

---

[37] Siehe u. Rn. 216 ff.

[38] Für bayerische Leser: In Bayern gilt seit dem 01.10.2008 an Stelle des VersG des Bundes das BayVersG. Die entsprechende Vorschrift ist hier Art. 15 I BayVersG.

Hier ergibt sich aus den Umständen, dass der Platzverweis nur auf dieses Ereignis an diesem Tag bezogen ist. Kommt eine Person aus dieser Menschenmenge am nächsten Tag wieder auf diesen Platz, so gilt die Aufforderung nicht mehr. Sie gebietet lediglich, den Platz zu verlassen und vorübergehend nicht zurückzukehren.

Ist der Zeitraum, auf den die Regelung des Verwaltungsakts bezogen war, verstrichen, so besteht kein Interesse mehr für den Betroffenen, dass ein Gericht die Aufhebung des Verwaltungsakts ausspricht. Der Verwaltungsakt ist durch Zeitablauf erledigt. Aus diesem Grund ist die Anfechtungsklage unstatthaft. 71

hemmer-Methode: Der Kläger hat dann ggf. noch die Möglichkeit, die Rechtswidrigkeit des Verwaltungsakts gerichtlich feststellen zu lassen. Dies ist dann eine Fortsetzungsfeststellungsklage.[39]

Definition Erledigung

Eine **Erledigung in sonstiger Weise** liegt vor, wenn dem Betroffenen aus anderen Gründen nicht mehr damit gedient ist, dass ein Gericht die Aufhebung des Verwaltungsakts ausspricht. 72

Bsp.: *Die zuständige Behörde ordnet gegenüber S an, dass dieser seinen Kampfhund K einzuschläfern habe. Als S dem nicht nachkommt, veranlasst die Behörde die Einschläferung. K ist tot.*

Die Anordnung verpflichtet S zur Einschläferung des Hundes. Solange dieser lebt, hat S ein Interesse daran, von dieser rechtlichen Verpflichtung befreit zu werden. Dies würde geschehen, indem das Verwaltungsgericht die Aufhebung des Verwaltungsakts ausspricht. Sodann wäre S nicht mehr in dieser Weise rechtlich belastet. Nachdem der Hund tot ist, kann S ohnehin ihn ohnehin nicht mehr einschläfern lassen. Ihm ist in keiner Weise mehr damit gedient, dass die Anordnung aufgehoben wird. Allenfalls wenn für das Einschläfern nun noch Kosten durch die Behörde geltend gemacht werden, lässt sich eine Fortwirkung der Regelung bejahen.[40]

Fortsetzungsfeststellungsklage, § 113 I S. 4 VwGO

Dass die Anfechtungsklage unstatthaft ist, wenn der Verwaltungsakt seine Erledigung gefunden hat, ergibt sich nicht unmittelbar aus § 42 I VwGO. 73

---

[39] Dazu u. Rn. 305 ff.

[40] BVerwG, NJW 2009, 122 = **Life&Law 06/2009**.

Dies muss aber im Zusammenhang mit der in § 113 I S. 4 VwGO vorgesehenen Klageart „Fortsetzungsfeststellungsklage" gesehen werden, die gerade bei Erledigung des Verwaltungsakts eingreift. Dann jedoch kann nicht zugleich die Anfechtungsklage statthaft sein.

4. Gegenstand der Anfechtungsklage

Ausgangs-VA in Gestalt des Widerspruchsbescheides

Gemäß § 79 I Nr. 1 VwGO ist der Gegenstand der Anfechtungsklage der Ausgangsverwaltungsakt in Gestalt des Widerspruchsbescheides. In dem Normalfall, dass vor Erhebung der Anfechtungsklage ein Vorverfahren durchgeführt wurde, **verschmelzen** Ausgangs- und Widerspruchsbescheid zu einer **rechtlichen Einheit**. 74

hemmer-Methode: Zu erwähnen ist dieser Punkt v.a. auch, wenn durch das Widerspruchsverfahren Fehler der Ausgangsbehörde geheilt wurden (unten Rn. 175 ff.).

Die Prüfung der Rechtmäßigkeit setzt daher an der Summe beider Bescheide an. Anders ist dies selbstverständlich, wenn kein Widerspruchsverfahren durchgeführt worden ist, sei es wegen dessen Entbehrlichkeit,[41] sei es wegen Untätigkeit der Behörde.[42]

Ausnahmefall

Umgekehrt kann ausnahmsweise gar nicht der Ausgangsverwaltungsakt, sondern nur der Widerspruchsbescheid der Gegenstand der Anfechtungsklage sein. In dem Ausnahmefall des § 79 I Nr. 2 VwGO kann der Widerspruchs- oder Abhilfebescheid auch alleiniger Klagegegenstand sein, soweit er eine erstmalige Beschwer enthält. Dasselbe gilt bei über den ersten VA hinausgehender Belastung durch den Widerspruchsbescheid gem. § 79 II VwGO. 75

> ***Bsp. zu § 79 I Nr. 2 VwGO:*** *Nachbar Nolte erhebt Widerspruch gegen die dem Bauherrn Berner erteilte Baugenehmigung. Die Widerspruchsbehörde gibt dem Widerspruch des Nolte statt und hebt im Widerspruchsbescheid die dem Berner erteilte Baugenehmigung auf. Damit ist nun natürlich Berner nicht einverstanden und möchte dagegen klagen.*
>
> Erhebt Berner nun Anfechtungsklage, so geht er natürlich nur gegen den Widerspruchsbescheid vor. Ausgangsverwaltungsakt ist ja die ihm zuvor erteilte Baugenehmigung.

---

[41] Dazu u. Rn. 285, 329 f.

[42] § 75 VwGO, vgl. dazu u. Rn. 284.

Diese wird er aber ganz sicher nicht angreifen, denn sie begünstigt ihn. Daher **belastet** ihn der **Widerspruchsbescheid**, der die Baugenehmigung aufhebt, **erstmalig**. In diesem Fall ist dann Gegenstand der Anfechtungsklage gem. § 79 I Nr. 2 VwGO naheliegenderweise auch nur der Widerspruchsbescheid!

Zudem muss er gem. § 68 I S. 2 Nr. 2 VwGO vor der Klage nicht noch einmal ein Widerspruchsverfahren durchführen.[43]

5. Sonderfälle der Anfechtungsklage

a) Fälle von Rücknahme und Widerruf von VAen[44]

hemmer-Methode: Bei Rücknahme oder Widerruf von VAen handelt es sich um ein besonders beliebtes Klausurproblem, da innerhalb der Begründetheitsprüfung ein verschachtelter Aufbau gewählt werden muss.

bei Rücknahme/Widerruf begünstigender VA

Für die Zulässigkeit der Klage innerhalb des Punktes „Klageart“ stellt sich alleine die Frage nach der Abgrenzung zur Verpflichtungsklage. 76

In diesem Zusammenhang ist auf § 43 II VwVfG abzustellen, wonach ein VA solange wirksam bleibt, bis er seinerseits wirksam aufgehoben oder zurückgenommen wird. In den Fällen der §§ 48, 49 VwVfG oder vorrangiger Sondervorschriften ist daher das Klagebegehren so auszulegen, dass eine Anfechtung der Aufhebungsentscheidung gewünscht ist. Fällt die Aufhebungsentscheidung weg, ist wegen § 43 II VwVfG der ursprüngliche VA weiterhin wirksam. Für eine Verpflichtungsklage auf Neuerlass des ursprünglichen begünstigenden VAs fehlt es damit am Rechtsschutzbedürfnis, da das Ziel auch mit der rechtsschutzintensiveren Gestaltungsklage erreicht werden kann: Während bei der Verpflichtungsklage die Behörde im günstigsten Fall zum Neuerlass des VA verurteilt wird, hebt das Gericht bei der Anfechtungsklage den Aufhebungs-VA selbst auf und „erweckt“ so unmittelbar die Begünstigung wieder zum Leben.

b) Anfechtungsklage gegen Nebenbestimmungen

Sonderproblem: Nebenbestimmungen

Mögliche Nebenbestimmungen zu Verwaltungsakten ergeben sich aus § 36 II VwVfG, z.B. Bedingung, Befristung oder Auflage. 77

---

[43] Dazu ausführlich u. Rn. 99.

[44] Ausführlich **Hemmer/Wüst, Verwaltungsrecht I, Rn. 101 ff.**

hemmer-Methode: Das Feld der Nebenbestimmungen ist einer der schwierigsten und verwirrendsten Bereiche des allgemeinen Verwaltungsrechts. Vor allem in einem solchen Bereich ist es wichtig, sich nicht durch das „Lernen" möglichst vieler Theorien noch weiter zu verwirren, sondern von Beginn an auf das richtige Verständnis der Probleme hinzuarbeiten.

I.R.d. Statthaftigkeit der Klage geht es um die Frage, ob eine - dem Bürger nachteilige - Nebenbestimmung separat, also isoliert, angefochten werden kann, sodass der (vorteilhafte) VA alleine bestehen bleibt.

Ist dies nicht möglich, muss eine Verpflichtungsklage auf Erlass des VA ohne einschränkende Nebenbestimmung erhoben werden.

Voraussetzung für eine isolierte Anfechtung ist zweierlei:

⇨ Es liegt eine Nebenbestimmung im Sinne des § 36 VwVfG vor.

⇨ Diese ist isoliert anfechtbar.

aa) Vorliegen einer Nebenbestimmung

Nebenbestimmung

I.R.d. Zulässigkeitsprüfung ist zunächst zu untersuchen, ob überhaupt eine echte Nebenbestimmung i.S.d. § 36 II VwVfG vorliegt. 78

Eine Nebenbestimmung ist durch zwei Voraussetzungen gekennzeichnet:

⇨ Vorliegen eines Haupt-VA

⇨ Vorliegen einer weiteren (Neben-)Regelung neben dem Haupt-VA.

nicht bei eigenständigem Haupt-VA

An einem Haupt-VA fehlt es bspw. bei einer „Auflage" nach § 15 I VersammlG. Es gibt für eine Versammlung keine Genehmigung, denn Versammlungen sind nicht genehmigungspflichtig. Die „Auflage" ist somit selbstständiger Haupt-VA. 79

An einer weiteren Regelung neben dem Haupt-VA fehlt es bei bloßen Inhaltsbestimmungen, Teilgenehmigungen (Minus) oder modifizierten Gewährungen (aliud).

> ***Bsp. für ein Minus:*** *Die Behörde bewilligt nur 50.000,- € von den beantragten 100.000,- € Subventionen.*

Bsp. für ein aliud: *Die Behörde genehmigt statt des beantragten Giebeldachs ein Flachdach.*

hemmer-Methode: Als Faustformel lässt sich sagen, eine Nebenbestimmung liegt vor, wenn die Behörde sagt: „ja, aber“, ein aliud, wenn es heißt „nicht so, aber so“.

bb) Isolierte Anfechtbarkeit

isolierte Anfechtbarkeit

Zur Frage, wann eine Nebenbestimmung isoliert anfechtbar ist, hat sich eine Vielzahl von Meinungen herausgebildet. 80

Diff. nach Art

(1) Nach einer Ansicht ist nach Art der Nebenbestimmung zu unterscheiden. 81

hemmer-Methode: Folgen Sie dieser Ansicht, so müssen Sie nun an dieser Stelle „Ihre“ Nebenbestimmung als Auflage, Bedingung o.Ä. qualifizieren. Ein häufiges Problem ist hier die Abgrenzung zwischen Bedingung und Auflage.
Es gilt dazu: „Eine Bedingung suspendiert, zwingt aber nicht. Eine Auflage zwingt, suspendiert aber nicht“. „Übersetzt“ bedeutet dies, dass bei einer Bedingung der Haupt-VA (zumeist eine Begünstigung für den Bürger) so lange nicht wirksam wird, bis die Bedingung eingetreten ist. Bei einer Auflage ist der Haupt-VA hingegen sofort wirksam. Kommt der Bürger der Auflage aber nicht nach, kann die Behörde sie zwangsweise durchsetzen. Im Zweifelsfall ist von einer Auflage als der für den Bürger günstigeren Form auszugehen (Art. 19 IV GG, siehe unten Rn. 423 ff.)

Nur bei einer Auflage liegt nach dieser Ansicht, die sich auf den Wortlaut des § 36 II Nr. 4 u. 5 VwVfG („verbunden mit“) stützt, eine selbstständig anfechtbare Regelung vor. Gegen diese Ansicht spricht § 113 I S. 1 VwGO, wonach ein VA aufgehoben wird, „soweit“ er rechtswidrig ist. Demnach können also auch (unselbstständige) Teile eines VA aufgehoben werden.

Diff. nach Art des Haupt-VAs

(2) Eine andere Ansicht differenziert nach der Art des Haupt-VAs. Eine isolierte Anfechtung von Nebenbestimmungen soll demnach nur bei gebundenen, nicht aber bei Ermessensentscheidungen möglich sein. 82

Begründet wird diese Ansicht damit, dass bei Ermessensverwaltungsakten die isolierte Anfechtung der Nebenbestimmung zu einem Eingriff in den Ermessensspielraum der Behörde führen kann, indem der Behörde eine bestimmte Entscheidung gegen ihren Willen aufgezwungen wird.

Diese Bedenken können allerdings dadurch ausgeräumt werden, dass der Behörde nach Aufhebung der Nebenbestimmung analog § 49 II Nr. 2 VwVfG der Widerruf des Grund-VA möglich ist.

stets isolierte Anfechtbarkeit, wenn Haupt-VA rechtmäßig bleibt

(3) Am sachgerechtesten erscheint es, grundsätzlich in allen Fällen einer Nebenbestimmung eine isolierte Anfechtung zuzulassen. Dies entspricht auch dem Wortlaut des § 113 I S. 1 VwGO, wonach ein VA aufgehoben wird, „soweit“ er rechtswidrig ist. 83

Ausnahmen werden für den Fall gemacht, in dem durch die Aufhebung der Nebenbestimmung der Haupt-VA rechtswidrig würde.

hemmer-Methode: Die genaue Prüfung, ob nach einer Kassation der Nebenbestimmung noch ein rechtmäßiger VA zurückbleibt, sollte erst i.R.d. Begründetheitsprüfung erfolgen. Stellt sich dort heraus, dass der Grund-VA ohne Nebenbestimmung seinerseits rechtswidrig ist, muss das Gericht von Amts wegen die Klage in eine Verpflichtungsklage umdeuten.

III. Klagebefugnis, § 42 II VwGO[45]

mögliche Rechtsverletzung

Gem. § 42 II VwGO ist die Anfechtungsklage nur zulässig, wenn der Kläger geltend macht, durch den Verwaltungsakt in seinen Rechten verletzt zu sein. 84

Die Klagebefugnis ist großzügig zu handhaben; sie fehlt nur dann, „wenn eine Rechtsverletzung des Klägers unter keinem denkbaren rechtlichen Gesichtspunkt möglich erscheint“.

Innerhalb der Anfechtungsklage sind beim Prüfungspunkt „Klagebefugnis“ zwei generell unterschiedliche Fälle zu differenzieren: 85

⇨ Die Anfechtung durch den betroffenen **„Adressaten“** selbst, sowie

⇨ die Anfechtung eines begünstigenden VA durch einen **Dritten**.

[45] Ausführlich **Hemmer/Wüst, Verwaltungsrecht I, Rn. 113 ff.**

1. Adressat

„Adressat“ ⇨ Verletzung von Art. 2 I GG mgl.

Bei der Anfechtungsklage durch den Adressaten des VA ist die sog. „Adressatentheorie“ anzuwenden. Sie besagt, dass der Adressat bei einer möglichen Rechtswidrigkeit eines belastenden Verwaltungsakts jedenfalls in seinem Grundrecht auf allgemeine Handlungsfreiheit aus Art. 2 I GG verletzt sein kann. 86

Dabei ist in einer Klausur aber auf die Formulierung zu achten. Nicht aus der Theorie ergibt sich die Befugnis, sondern aus dem möglicherweise verletzten Recht, also zumindest aus Art. 2 I GG.

Der Kläger muss allerdings immer die Verletzung eigener Rechte geltend machen. Vereinigungen dürfen also keine Mitgliederrechte, Gemeinden keine Bürgerrechte geltend machen. Eine solche Prozessstandschaft scheidet aber aus. 87

hemmer-Methode: Auch dieser Punkt ist häufig unproblematisch. Daher sollte man sich auch für diesen Fall eine Standardformulierung zurechtlegen, die man dann ohne Zeitverlust in der Klausur anbringen kann. Etwa: „Der Kläger kann geltend machen, als Adressat der belastenden Maßnahme zumindest in seinem Recht aus Art. 2 I GG verletzt zu sein, somit ist er klagebefugt gem. § 42 II VwGO“.
Sollte offensichtlich ein spezielleres Grundrecht als Art. 2 I GG einschlägig sein, ist dieses als möglicherweise verletzt zu nennen.

2. Anfechtung durch den Dritten

Anfechtung durch Dritten

Die Anfechtungsklage des Drittbetroffenen ist ein äußerst beliebtes Klausurproblem. 88

Neben dem bereits genannten Adressaten kann auch eine andere Person ein Interesse daran haben, sich gegen den Verwaltungsakt zu wehren. Denn ein Verwaltungsakt kann an die eine Person gerichtet sein, zugleich aber eine andere belasten.

Adressat

Adressat ist derjenige, für den der Verwaltungsakt **bestimmt** ist. 89

Bspe.: *Die Behörde ordnet gegenüber Bauherrn B an, dass er das Bauen einzustellen habe. X wird durch einen Leistungsbescheid verpflichtet, 540,- € Abwassergebühren zu bezahlen. Die zuständige Behörde erlässt einen Bescheid, indem für Y die Schwerbehinderteneigenschaft mit einem Grad der Behinderung von 80 % festgestellt wird.*

Drittbetroffener

Daneben gibt es Personen, an die der Verwaltungsakt nicht gerichtet ist, die aber von ihm betroffen sind. Dies ergibt sich aus § 41 I S. 1 VwVfG und § 43 I S. 1 VwVfG. 90

> ***Bspe.:*** *Der Nachbar N bei der an den Bauherrn B erteilten Baugenehmigung; der Nachbar bei der dem G erteilten Gaststättenerlaubnis; die Einstellung des Beamtenbewerbers S gegenüber seinem Mitbewerber D.*

Ein Dritter ist klagebefugt, wenn 91

- ⇨ bei Erlass des VA möglicherweise eine **drittschützende** Vorschrift verletzt wurde, **und**
- ⇨ der Kläger unter den sachlichen und personalen Schutzbereich dieser Norm fällt.

hemmer-Methode: In der Klausur können Sie die Frage des Drittschutzes entweder in der Zulässigkeit/Klagebefugnis abschließend prüfen, oder aber erst in der Begründetheit bei dem Prüfungspunkt „Rechtsverletzung" (dazu u. Rn. 251 ff.). Dies ist reine Geschmacksfrage.

a) Drittschutznormen

Drittschutz

Während beim Adressaten auf Grundrechte abgestellt wird, ist in **Drei-Personen-Verhältnissen** zur Begründung der Klagebefugnis grundsätzlich auf das **einfache Recht** zurückzugreifen. 92

Der Dritte begehrt dabei die Aufhebung eines Verwaltungsakts, der an eine andere Person gerichtet worden ist. Dabei kann es nur darum gehen, dass dieser Verwaltungsakt nicht hätte erlassen werden dürfen. Die Klagebefugnis kann sich daher nur aus solchen Vorschriften ergeben, welche die Rechtswidrigkeit des Verwaltungsakts begründen können.

drittschützende Normen: „Schutznormtheorie"

Merke: Drittschützend sind Vorschriften, die nicht nur öffentliche Interessen verfolgen, sondern zumindest auch dem Schutz eines von der Allgemeinheit abgrenzbaren Kreises Dritter zu dienen bestimmt sind (Schutznormtheorie). 93

Dies ist durch Auslegung zu entscheiden. So ist der Drittschutz in denjenigen Vorschriften, die den Begriff der schädlichen Umwelteinwirkungen verwenden, grundsätzlich anerkannt.[46]

[46] Aber Ausnahme: § 5 I Nr. 2 BImSchG!

Zu begründen ist dies mit der Legaldefinition in § 3 I des Bundesimmissionsschutzgesetzes (BImSchG), denn diese hebt ausdrücklich die „Nachbarschaft" hervor, welche vor Gefahren, erheblichen Belästigungen und Nachteilen zu schützen ist.

Dies ergibt sich primär aus dem Wortlaut (§ 5 I Nr. 1 BImSchG: Nachbarschaft, § 31 II BauGB, § 15 I S. 2 BauNVO), sonst aus Sinn und Zweck der Regelung oder dem Gesamtzusammenhang.

hemmer-Methode: Als Vertiefungsanregung für das besonders klausurrelevante Baurecht: Dort können manche Normen, die nach der Schutznormtheorie an sich nicht drittschützend sind, im Zusammenhang mit dem Gebot der Rücksichtnahme drittschützend wirken. Auf Art. 14 GG sollte in Baurechtsfällen nur zurückgegriffen werden, wenn keine anderen Normen gefunden wurden. Dann darf aber ein „schwerer und unerträglicher Eingriff" nicht ausgeschlossen sein.

b) Personaler und sachlicher Schutzbereich (insbes. Nachbarbegriff)

Schutzbereich der drittschützenden Norm

Liegt eine grundsätzlich drittschützende Vorschrift vor, muss diese auch auf den konkreten Kläger im konkreten Fall anwendbar sein. Er muss m.a.W. dem sachlichen und personalen Schutzbereich der Vorschrift unterfallen. 94

> ***Bsp.:*** *Beruft sich der Kläger auf § 31 II BauGB, muss er auch Nachbar im Sinne dieser Vorschrift sein.*

Der Nachbarbegriff wird im Bau- und Immissionsschutzrecht aufgrund der Verschiedenheit der Schutzzwecke der beiden Rechtsbereiche unterschiedlich gehandhabt. 95

c) Nachbar im Baurecht

Baurecht: enger Nachbarbegriff

Das Baurecht regelt die Rechtsbeziehungen zwischen benachbarten Grundstücken. Im Baurecht werden deshalb nur boden- und grundstücksbezogene Rechte, keine bloß obligatorischen Berechtigungen wie Miete etc. geschützt. Nachbar ist also grundsätzlich nur der Eigentümer oder Erbbauberechtigte. 96

d) Nachbar im Immissionsschutzrecht

Immissionsschutzrecht: weiter Nachbarbegriff

Das Immissionsschutzrecht soll u.a. vor Gesundheitsgefahren schützen, die von (Industrie-)Anlagen ausgehen. Diesen Gefahren ist der Mieter des Nachbargrundstücks im gleichen Maße ausgesetzt wie der Eigentümer. Im Immissionsschutzrecht gilt daher ein weiterer Nachbarbegriff. Vorausgesetzt wird lediglich eine dem engeren Lebensbereich zugehörige Beziehung von gewisser Dauer zu der Stelle, an der die Anlage errichtet werden soll. Erfasst wird also auch der Mieter oder dort Berufstätige, nicht aber Urlauber. *97*

IV. Vorverfahren, §§ 68 ff. VwGO[47]

Nachprüfung der Behördenentscheidung im Vorverfahren

Gem. § 68 I S. 1 VwGO ist vor Erhebung der Anfechtungsklage die Rechtmäßigkeit und die Zweckmäßigkeit des Verwaltungsakts in einem Vorverfahren nachzuprüfen. Bevor der Betroffene eines Verwaltungsakts sich an das Gericht mit dem Ziel der Aufhebung wenden kann, muss er demnach grundsätzlich die Behörde damit befassen und versuchen, auf diesem Weg sein Begehren zu erreichen, indem die Behörde den VA aufhebt. *98*

Bei dem Prüfungspunkt Vorverfahren sind folgende Schritte einzuhalten:

⇨ Erforderlichkeit des Vorverfahrens

⇨ Ordnungsgemäße Einlegung des Widerspruchs

⇨ Widerspruch erfolglos

1. Erforderlichkeit des Vorverfahrens

Vorverfahren entbehrlich?

§ 68 I S. 2 VwGO bestimmt **Ausnahmen** von dem Erfordernis eines Vorverfahrens. In diesen Fällen kann ohne vorherige Einlegung eines Widerspruchs unmittelbar die Anfechtungsklage erhoben werden. *99*

a) Gemäß § 68 I S. 2 HS 1 VwGO entfällt das Vorverfahren, soweit dies gesetzlich bestimmt ist. Einige Bundesländer haben von dieser Ermächtigung Gebrauch gemacht und das Vorverfahren weitgehend abgeschafft. *99a*

---

47 Ausführlich **Hemmer/Wüst, Verwaltungsrecht I, Rn. 146 ff.**

So bestimmt Art. 15 I, II BayAGVwGO, dass der Bürger bei einem Verwaltungsakt bayerischer Behörden grundsätzlich sofort klagen kann bzw. muss. Nur in den in Art. 15 I BayAGVwGO aufgezählten Fällen kann er (muss aber nicht) noch Widerspruch einlegen!

oberste Bundes- oder Landesbehörde, Nr. 1

b) Gem. § 68 I S. 2 Nr. 1 VwGO ist dies der Fall, wenn der Verwaltungsakt von einer **obersten Bundes- oder Landesbehörde** erlassen worden ist. Hierzu zählen vor allem die **Ministerien** auf Bundes- oder Landesebene. *100*

Grund für diese Ausnahme ist insbesondere, dass als Normalfall des Widerspruchsverfahrens die Nachprüfung des Verwaltungsakts durch eine nächsthöhere Behörde erfolgt. Dies wird auch mit dem sog. Devolutiveffekt umschrieben, und ergibt sich aus der grundsätzlichen Zuständigkeitsregelung des § 73 I S. 2 Nr. 1 VwGO.

hemmer-Methode: Als weiteres Argument könnte angeführt werden, dass das Gesetz davon ausgeht, bei Entscheidungen oberster Bundes- und Landesbehörden sei eine behördliche Nachprüfung entbehrlich, da die Fehlerquote geringer sei als bei anderen Behörden. Der empirische Nachweis dieser Annahme steht allerdings in den Sternen.

Allgemein handelt es sich um eine oberste Bundes- oder Landesbehörde, wenn es **zu dieser keine nächsthöhere Behörde gibt**. Neben den Ministerien sind dies solche Stellen, die ausnahmsweise nicht der Verwaltungsspitze im Rahmen des hierarchischen Aufbaus der Verwaltung unterstehen, sondern weisungsfrei arbeiten.[48]

erstmalige Beschwer, Nr. 2

c) Entbehrlich ist ein Vorverfahren gem. § 68 I S. 2 Nr. 2 VwGO auch dann, wenn der Abhilfebescheid oder der Widerspruchsbescheid **erstmalig eine Beschwer** enthält. *101*

Hiermit ist vor allem folgender Fall gemeint: Wenn bereits ein Vorverfahren durchgeführt wurde und am Ende der Verwaltungsakt aufgehoben wurde, so muss derjenige, der nunmehr durch die Aufhebung des Verwaltungsakts belastet wird, nicht nochmals ein Vorverfahren durchführen. Er kann direkt Anfechtungsklage erheben.

---

48 Z.B. der Präsident des Bundesrechnungshofs, weitere Bspe. vgl. Kopp/Schenke, § 68 VwGO, Rn. 19. Dies bedarf aufgrund des Demokratiegebots – demokratische Legitimation der Staatsgewalt – stets eines besonderen rechtfertigenden Grundes, vgl. **Fall 19, Hemmer/Wüst „Die 32 wichtigsten Fälle zum Verfassungsrecht"**.

Bsp.: Dem Bauherrn B wird eine Baugenehmigung für ein Einfamilienhaus erteilt. Hiergegen legt Nachbar N Widerspruch ein. Die Widerspruchsbehörde kommt zu dem Ergebnis, dass die Baugenehmigung rechtswidrig und der Widerspruch zulässig und begründet ist. Im Widerspruchsbescheid hebt sie daher die Baugenehmigung auf.

Will sich nunmehr Bauherr B gegen die Aufhebung der Baugenehmigung wehren, so muss er nicht noch mal selbst ein Vorverfahren durchlaufen. Wird vielmehr ein Verwaltungsakt im Rahmen des Widerspruchsverfahrens aufgehoben, so kann dann sofort Klage erhoben werden.

Das Gleiche gilt, wenn statt einer vollständigen Aufhebung des Verwaltungsakts bloß eine Änderung erfolgt.

Bsp.: Kommt die Widerspruchsbehörde zu dem Ergebnis, dass zwar die Baugenehmigung rechtswidrig ist, aber lediglich ein Balkon kleiner ausfallen müsste als genehmigt, so ändert sie die Baugenehmigung dementsprechend im Widerspruchsbescheid. Im Übrigen wird der Widerspruch dann zurückgewiesen.

Abhilfe

Das Widerspruchsverfahren ist zweistufig. Legt ein Bürger Widerspruch ein, so befasst sich damit zunächst die Ausgangsbehörde (**Abhilfeverfahren**, § 72 VwGO). 102

wenn (-), Widerspruchsbescheid

Hilft die Ausgangsbehörde nicht ab, hebt sie also den angegriffenen VA nicht auf, so legt sie die Angelegenheit der Widerspruchsbehörde vor. Diese entscheidet dann und erlässt als Abschluss des Vorverfahrens einen Widerspruchsbescheid, § 73 VwGO. 103

hemmer-Methode: Zweck des Vorverfahrens ist dreierlei. Zum einen soll die Behörde noch einmal Gelegenheit bekommen, ihre eigene Handlung auf deren Rechtmäßigkeit hin zu untersuchen, sog. Selbstkontrolle der Verwaltung. Zweitens dient das Vorverfahren der Entlastung der ohnehin überlasteten Verwaltungsgerichte. Drittens ist es natürlich auch eine weitere Rechtsschutzmöglichkeit für den Bürger.
Behandeln Sie solches Hintergrundwissen nicht als überflüssigen theoretischen Ballast. Mit dem Zweck des Vorverfahrens lässt sich bspw. gut argumentieren, wenn es um ungeschriebene Fälle der Entbehrlichkeit des Widerspruchsverfahrens geht (dazu unter Rn. 104 ff.).

ungeschriebene Ausnahmen (i.E. jeweils str.)

c) Neben diesen geschriebenen Fällen der Entbehrlichkeit eines Vorverfahrens werden weitere, ungeschriebene Fälle diskutiert.[49] 104

[49] Kopp/Schenke, § 68 VwGO, Rn. 22 ff.

Es handelt sich dabei um Konstellationen, in denen der Zweck des Widerspruchsverfahrens schon erreicht wurde oder offensichtlich nicht mehr erreicht werden kann.

aa) Der angefochtene VA ändert, ersetzt oder wiederholt nur einen VA, gegen den bereits ein Widerspruchsverfahren durchgeführt wurde. *105*

bb) Das Widerspruchsverfahren wurde bereits von einem Dritten durchgeführt. Dabei müssen aber jetziger Kläger und damaliger Widerspruchsführer aus einem einheitlichen Rechtsgrund gegen den Verwaltungsakt vorgehen (z.B. Mitglieder einer Erbengemeinschaft). *106*

cc) Die Widerspruchsbehörde bzw. deren Rechtsträger, also der richtige Beklagte, hat sich sachlich auf die Klage eingelassen und deren Abweisung als unbegründet beantragt (sehr strittig). *107*

dd) Das Verhalten der Widerspruchsbehörde vor oder während des gerichtlichen Verfahrens lässt mit großer Wahrscheinlichkeit erwarten, dass der Widerspruch keinen Erfolg haben wird. *108*

hemmer-Methode: Die genannten Fälle beruhen größtenteils auf einer Einzelfallrechtsprechung, eine durchgängige Linie hat sich insoweit nicht gebildet. Jeder einzelne der Fälle ist daher strittig, entscheidend ist das Erkennen des Problems und die Argumentation, das Ergebnis ist zweitrangig.

2. Ordnungsgemäße Einlegung des Widerspruchs, § 70 VwGO

§ 70 VwGO: Form u. Frist

Das Vorverfahren muss **ordnungsgemäß** durchgeführt worden sein. Die Anforderungen hierfür ergeben sich aus § 70 VwGO. Dies bedeutet, dass der Bürger form- und fristgerecht Widerspruch eingelegt haben muss. *109*

a) Form

schriftlich oder zur Niederschrift

Nach § 70 I VwGO muss der Widerspruch schriftlich oder zur Niederschrift bei der Behörde eingelegt werden, die den Verwaltungsakt erlassen hat. Die Einhaltung der Schriftform würde nach § 126 BGB eine eigenhändige Unterschrift voraussetzen, der allerdings für Rechtsbehelfe wie Widerspruch und Klage nicht anwendbar ist.[50] *110*

[50] Kopp/Schenke, § 70 VwGO, Rn. 2; § 81 VwGO, Rn. 4 ff.

Sinn der Schriftform ist es hierbei nur, die Identität des Absenders festzustellen und gleichzeitig klarzustellen, dass es sich nicht um einen Entwurf, sondern um eine gewollte prozessuale Erklärung handelt.

Problem Telefax

Letzteres ist das Problem bei einer Einlegung per Telefax oder Telegramm, da diese nur die Kopie der Unterschrift tragen. Aus Gründen der Praktikabilität und um die prozessualen Vorschriften an den Fortschritt der Technik anzupassen, ist dies gem. § 173 VwGO, § 130 Nr. 6 ZPO ausreichend. 111

Ein Widerspruch muss nicht ausdrücklich eingelegt werden und als solcher bezeichnet sein. Ausreichend ist, dass zum Ausdruck gebracht wird, sich mit rechtlichen Mitteln gegen den Verwaltungsakt wehren zu wollen. Im Zweifel ist ein Schreiben laiengünstig auszulegen und anzunehmen, dass der Betroffene eines belastenden Verwaltungsakts sich effektiv verteidigen möchte.

hemmer-Methode: Vgl. Sie hierzu auch Fall 15, Hemmer/Wüst „Die 44 wichtigsten Fälle zum Verwaltungsrecht" zum Widerspruch gegen eine Gaststättenerlaubnis.

b) Frist

ein Monat ab Bekanntgabe

§ 70 I VwGO verlangt die Erhebung des Widerspruchs innerhalb eines Monats nach Bekanntgabe des VA. Diese liegt vor, wenn das Schriftstück mit Wissen und Wollen der Behörde in den Machtbereich des Empfängers gelangt und unter normalen Umständen mit der Kenntnisnahme durch den Empfänger zu rechnen ist.[51] 112

aa) Fristbeginn: Bekanntgabe an den Kläger

Bekanntgabe an den Kläger

Bereits für die Statthaftigkeit der Anfechtungsklage ist erforderlich, dass überhaupt eine Bekanntgabe an irgendeine Person erfolgt ist.[52] Die **Frist** des § 70 I VwGO beginnt allerdings nur zu laufen, wenn der Verwaltungsakt **an den Kläger bekannt gegeben** wurde. Dieser ist als „der Beschwerte" im Sinne des § 70 I VwGO zu verstehen. 113

---

[51] Siehe o. Rn. 61.

[52] Siehe o. Rn. 60 ff.

hemmer-Methode: Die Bekanntgabe ist Voraussetzung für die Wirksamkeit des VA, § 43 I VwVfG. Solange noch gar keine Bekanntgabe vorliegt, ist eine Anfechtungsklage mangels wirksamen Verwaltungsaktes unstatthaft, s.o. Rn. 62. Hiervon ist der in Baurechtsklausuren häufige Fall zu unterscheiden, dass die Genehmigung zwar gegenüber dem Bauwerber, nicht aber auch gegenüber dessen Nachbarn bekannt gemacht wurde (zur Verwirkung sogleich u. Rn. 115).

Liegt aber keine Bekanntgabe an den Kläger vor, so greift § 70 I VwGO nicht ein. Es lief dann keine Frist für den Widerspruch. Dies sollten Sie in diesem Fall in Ihrer Klausur auch ausdrücklich feststellen, und zum nächsten Zulässigkeitspunkt übergehen. 114

Bsp.: *Dem Bauherrn B wird eine Baugenehmigung erteilt. Diese wird aber nur ihm, nicht auch Nachbarn N bekannt gegeben. Für N läuft dann nicht die Monatsfrist aus § 70 I VwGO.*

hemmer-Methode: Auch die Jahresfrist des § 58 II S. 1 VwGO gilt in diesem Fall nicht. Denn diese erfordert ebenso wie die Monatsfrist des § 70 I VwGO die Bekanntgabe. Lediglich eine ordnungsgemäße Rechtsbehelfsbelehrung ist für die Frist des § 58 II S. 1 VwGO verzichtbar.

EXKURS

Verwirkung

Ist keine Bekanntgabe an den Widerspruchsführer erfolgt und damit die Widerspruchsfrist nicht ausgelöst worden, stellt sich die Frage, ob zu Lasten des Klägers eine **Verwirkung** von Rechtsbehelfen eingetreten ist. 115

Bei fehlender Bekanntgabe stellen die Grundsätze der Verwirkung die **einzige zeitliche Grenze** für die Einlegung von Rechtsbehelfen dar.

Eine Verwirkung liegt vor, wenn der Kläger trotz Kenntnis oder fahrlässiger Unkenntnis des Sachverhalts über längere Zeit sich so verhalten hat, dass ein anderer **nicht mehr mit der Einlegung eines Rechtsbehelfs rechnen musste**. Zudem muss er tatsächlich auf die Nichteinlegung von Rechtsbehelfen vertraut und entsprechende Dispositionen getroffen haben.[53]

[53] Kopp/Schenke, § 74 VwGO, Rn. 18.

Zu beachten ist jedoch, dass eine Verwirkung vor Ablauf eines Jahres grundsätzlich nicht anzunehmen ist. Dies ist dem Rechtsgedanken des § 58 II S. 1 VwGO zu entnehmen, der sogar bei Bekanntgabe des Verwaltungsakts eine Frist von einem Jahr vorsieht, wenn die Belehrung über den Rechtsbehelf fehlt. Dann kann der Zeitraum für eine Verwirkung aber nicht kürzer sein, wenn sogar nicht einmal eine Bekanntgabe erfolgt ist (und damit auch keine Rechtsbehelfsbelehrung erteilt wurde).

hemmer-Methode: Es handelt sich also um einen Erst-Recht-Schluss von § 58 II S. 1 VwGO auf die Verwirkung. Bearbeiten Sie hierzu Hemmer/Wüst „Die 44 wichtigsten Fälle zum Verwaltungsrecht", Fall 15.

EXKURS ENDE

Drei-Tages-Fiktion bei Brief, § 41 III VwVfG

Im sehr häufigen Fall der Bekanntgabe durch einfachen Brief ist für den Zeitpunkt des Fristbeginns die **Drei-Tages-Fiktion** des § 41 II VwVfG zu beachten. Dann beginnt die Monatsfrist nicht mit dem Zugang des Schreibens, sondern mit dem dritten Tag nach der Aufgabe zur Post als bekannt gegeben. Gleiches gilt bei der elektronischen Übermittlung des Verwaltungsakts. 116

Bsp.: *Die Behörde gibt das Schreiben am 14.02. zur Post, und es wird am 16.02. bei dem Adressaten A in den Briefkasten geworfen.*

Als Zeitpunkt der Bekanntgabe errechnet sich unter Anwendung der Drei-Tages-Fiktion des § 41 II S. 1 VwVfG der 17.02. Dass das Schreiben tatsächlich zu einem früheren Zeitpunkt A zugegangen ist, hat dann keine Bedeutung.

Die Widerspruchsfrist des § 70 I VwGO beginnt dann am Tag nach dem Zeitpunkt der Bekanntgabe (dazu näher u. Rn. 131 ff.).

§ 41 II S. 1 VwVfG findet allerdings keine Anwendung, wenn der wirkliche Zugang später erfolgte. Dann gilt gem. § 41 II S. 3 VwVfG dieser Zeitpunkt für die Bekanntgabe. 117

Hat die Behörde wiederum das Schreiben am 14.02. zur Post gegeben, ist es aber erst am 19.02. bei dem Adressaten A in den Briefkasten geworfen worden, so ist nicht gem. § 41 II S. 1 VwVfG der 17.02. der Bekanntgabezeitpunkt, sondern der 19.02.

Im Klausursachverhalt genügt es daher, dass Ihnen angegeben wird, wann das Schreiben zur Post gegeben wurde. Sofern dann nicht noch angegeben ist, dass der wirkliche Zugang nach dem Ende der Drei-Tages-Fiktion vorlag, wenden Sie eben jene Fiktion an und errechnen daraus den Zeitpunkt der Bekanntgabe.

Zustellung

Statt mit einem einfachen Brief kann die Behörde, wenn sie einen sicheren Nachweis des Zugangs erhalten möchte, den Verwaltungsakt mittels eingeschriebenem Brief oder durch Postzustellungsurkunde übermitteln. Dann wird von förmlicher Bekanntgabe oder Zustellung gesprochen. Die Voraussetzungen der Zustellung und der Zeitpunkt der Bekanntgabe richten sich nach den Verwaltungsvollstreckungsgesetzen des Bundes und der Länder. Auf diese weist auch § 41 V VwVfG hin. 118

hemmer-Methode: Die Zustellung ist entweder gesetzlich vorgeschrieben, oder aber die Behörde entscheidet sich freiwillig zur Zustellung. In beiden Fällen gilt das VwZG, vgl. § 1 II VwZG.[54]

bb) Fristberechnung

Fristberechnung str.

Wie die Fristberechnung im Widerspruchsverfahren zu erfolgen hat, ist strittig. 119

§§ 79, 31 VwVfG, §§ 187 ff. BGB

Die wohl überwiegende Ansicht stellt den Charakter des Widerspruchsverfahrens als behördliches Verfahren in den Vordergrund, sodass die Vorschriften des VwVfG einschlägig sind. Die Berechnung erfolgt danach konsequent nach §§ 79, 31 I VwVfG i.V.m. §§ 187 ff. BGB. 120

Die andere Auffassung stellt auf den Charakter des Vorverfahrens als verwaltungsgerichtlichen Vorschaltrechtsbehelf ab, der sich primär nach der VwGO richtet. 121

§ 57 VwGO, § 222 ZPO, §§ 187 ff. BGB

Daher wird insoweit eine Berechnung über § 57 VwGO, § 222 ZPO, §§ 187 ff. BGB favorisiert. 122

Entscheidend für die erste Auffassung spricht, dass in § 70 II VwGO gerade nicht auf § 57 VwGO verwiesen wird.

[54] Zum Begriff der Zustellung „Bekanntgabe, Zustellung, Fristen in der öffentlich-rechtlichen Klausur" **Life&Law 2007, 60, 208, 418**.

hemmer-Methode: Dieser Streit ist müßig, da die Auffassungen nahezu immer zum selben Ergebnis gelangen. In einer Klausur sollte der Streit daher allenfalls kurz erwähnt werden.

Bsp.: *X geht am 10.01. ein Übergabeeinschreiben zu, in dem eine Gewerbeuntersagung (§ 35 GewO) ausgesprochen wird. Dieser Brief war am 08.01. von der Behörde zur Post gegeben worden. Bis wann muss X Widerspruch einlegen?*

Der Widerspruch ist gem. § 70 VwGO binnen eines Monats nach Bekanntgabe des VA einzulegen.

Die Bekanntgabe des VA erfolgte hier mittels eingeschriebenen Briefs. Maßgeblich sind deshalb nach § 41 V VwVfG die Zustellungsvorschriften. Nach § 4 II VwZG gilt der Brief am dritten Tage nach der Aufgabe zur Post als zugestellt, es sei denn, dass er tatsächlich nicht oder erst zu einem späteren Zeitpunkt zugeht.

Zur Post gegeben wurde der Brief am 08.01. Demnach gilt er am 11.01. als zugestellt. Fristbeginn ist somit gemäß §§ 79, 31 VwVfG, § 187 I BGB (Ereignisfrist) der 12.01., Fristende nach § 188 II Alt. 1 BGB der 11.02. um 24.00 Uhr.

hemmer-Methode: Häufig fällt in Klausuren das Fristende auf das Wochenende oder einen Feiertag. Dann sind § 31 III VwVfG, § 193 BGB zu berücksichtigen. Etwas anderes gilt, wenn das Ende der Drei-Tages-Fiktion aus § 4 II VwZVG, § 41 II VwVfG auf das Wochenende oder einen Feiertag fällt. Hier wird die Bekanntgabefiktion nicht auf den nächsten Werktag verschoben. Zum einen geht es hier nicht um ein Fristende, sondern um einen Fristbeginn. Zum anderen ist der Bürger ausreichend dadurch geschützt, dass die Drei-Tages-Fiktion dann nicht gilt, wenn der Brief tatsächlich erst zu einem späteren Zeitpunkt zugeht, vgl. § 4 II S. 2 HS 2 VwZG, § 41 II S. 3 VwVfG.[55]

cc) Rechtsbehelfsbelehrung

Jahresfrist, wenn fehlerhafte Rechtsbehelfsbelehrung

Die Monatsfrist des § 70 I VwGO wird gemäß §§ 70 II, 58 II, I VwGO durch eine Jahresfrist ersetzt, wenn der VA keine richtige und vollständige Rechtsbehelfsbelehrung enthält. **123**

hemmer-Methode: Zur korrekten Rechtsbehelfsbelehrung vgl. Hemmer/Wüst „Die 44 wichtigsten Fälle zum Verwaltungsrecht“, Fall 13.

[55] Siehe o. Rn. 116.

dd) Wiedereinsetzung

Wiedereinsetzung

Bei einer Fristversäumung ist auch hier an die Möglichkeit der Wiedereinsetzung in den vorigen Stand zu denken. Sie richtet sich nicht nach § 32 VwVfG, sondern wegen der eindeutigen Verweisung in § 70 II VwGO nach § 60 I - IV VwGO. 124

Die Wiedereinsetzung in den vorigen Stand hat zur Folge, dass die versäumte Frist als nicht verstrichen gilt. Dem Institut der Wiedereinsetzung liegt die Vorstellung zugrunde, dass „die Zeit zurückgedreht werden kann".

hemmer-Methode: Zur Wiedereinsetzung vgl. Hemmer/Wüst „Die 44 wichtigsten Fälle zum Verwaltungsrecht", Fall 14.
Beachten Sie im Zusammenhang mit der Wiedereinsetzung insbesondere § 85 II ZPO, der über § 173 VwGO auch im Verwaltungsprozess anzuwenden ist. Danach ist auch das Verschulden des mandatierten Anwalts dem Kläger zuzurechnen.

ee) Heilung der Fristversäumung durch Sachentscheidung der Widerspruchsbehörde

Heilung der Fristversäumung

Wurde die Widerspruchsfrist versäumt und wird der Kläger auch nicht in den vorigen Stand wiedereingesetzt, so ist die Anfechtungsklage unzulässig. 125

(1) Eine **Ausnahme** hiervon begründet nach der h.M. eine Entscheidung der Widerspruchsbehörde, die den Widerspruch nicht wegen Fristversäumung, sondern wegen angeblicher Unbegründetheit zurückgewiesen und damit eine **Sachentscheidung** getroffen hat. 126

Bei einer Fristversäumung habe die Behörde den Widerspruch als unzulässig zurückzuweisen. Trete sie stattdessen in eine Sachprüfung ein, so sei dies so zu verstehen, dass die Behörde den Widerspruch gerade nicht als verfristet ansieht. Die Fristversäumung sei dann **geheilt**.

Dann aber sei der Ablauf der Widerspruchsfrist für die Zulässigkeit der Anfechtungsklage unbeachtlich. Die h.M. geht davon aus, dass die Widerspruchsbehörde über die Frist „disponieren" kann. Denn der Frist komme vorrangig der Zweck zu, nach Ablauf eines bestimmten Zeitraums Rechtssicherheit herzustellen.

Damit wird die Behörde davor geschützt, sich auch noch danach mit der Rechtmäßigkeit des Verwaltungsakts auseinander setzen zu müssen.

Als sog. „**Herrin des Vorverfahrens**" könne die Behörde aber auf eben diesen Schutz verzichten.

Kritik

(2) Die entgegengesetzte Auffassung, die von der Mehrheit der Literaturstimmen vertreten wird,[56] argumentiert, eine Behörde könne sich nicht über die gesetzlich angeordnete Frist hinwegsetzen. Dies sei ein schlichter Gesetzesverstoß. 127

Zudem diene die Frist nicht nur dem Schutz und der Entlastung der Behörden, sondern auch der Gerichte, indem diese bei Versäumung der Widerspruchsfrist Klagen als unzulässig abweisen dürfen, ohne sich mit der Rechtmäßigkeit des Verwaltungsakts zu befassen.

hemmer-Methode: Diese Streitfrage eingekleidet in den Fall einer Gewerbeuntersagung lesen Sie in Hemmer/Wüst „Die 44 wichtigsten Fälle zum Verwaltungsrecht", Fall 17.

keine Heilung bei Verwaltungsakten mit Drittwirkung

(3) Bei **Verwaltungsakten mit Drittwirkung** besteht allerdings Einigkeit, dass eine Heilung der Verfristung durch Sachentscheidung nicht möglich ist. Vielmehr ist in diesem Fall auch die Anfechtungsklage unzulässig und abzuweisen. 128

Denn bei diesen hat die Widerspruchsfrist nicht nur den Zweck, die Behörde zu schützen. Vielmehr dient die Frist dann insbesondere den Interessen desjenigen, der durch den Verwaltungsakt begünstigt wird.

Mit dem Ablauf von Rechtsbehelfsfristen darf dieser sich darauf verlassen, dass der belastete Dritter nicht mehr die Aufhebung des Verwaltungsakts durch die Einlegung von Rechtsbehelfen erreichen kann. Darüber soll sich die Behörde nicht hinwegsetzen können.

3. Widerspruch erfolglos

Zurückweisung des Widerspruchs durch die Widerspruchsbehörde

Damit die Anfechtungsklage zulässig ist, muss das Widerspruchsverfahren nicht nur ordnungsgemäß, sondern auch **erfolglos** durchgeführt worden sein. 129

[56] Ehlers, Jura 2004, S. 34.

Dazu muss die Widerspruchsbehörde grundsätzlich den Widerspruch zurückweisen.

hemmer-Methode: Würde dem Widerspruch stattgegeben werden, so würde der angegriffene Verwaltungsakt in dem Widerspruchsbescheid aufgehoben. Dann allerdings wäre die Anfechtungsklage bereits unstatthaft![57]

Untätigkeit der Behörde

Neben Zurückweisung oder Stattgabe des Widerspruchs ist noch die Möglichkeit denkbar, dass die **Behörde** gar nicht entscheidet, sondern **untätig** bleibt. Mit dem Gebot effektiven Rechtsschutzes aus Art. 19 IV GG wäre es allerdings nicht vereinbar, in diesem Fall den Betroffenen darauf zu verweisen abzuwarten, ob nicht doch noch irgendwann eine Entscheidung kommt. 130

Aus diesem Grund ist die **Klage ohne Abschluss des Vorverfahrens zulässig**, wenn ohne zureichenden Grund in angemessener Frist nicht über den Widerspruch entschieden wurde (§ 75 S. 1 Alt. 1 VwGO).[58]

hemmer-Methode: Bearbeiten Sie hierzu den Fall 16 aus Hemmer/Wüst „Die 44 wichtigsten Fälle zum Verwaltungsrecht".

V. Klagefrist, § 74 I VwGO

Monatsfrist

Die Klage ist gem. § 74 I S. 1 VwGO innerhalb eines Monats nach Zustellung des Widerspruchsbescheids zu erheben. 131

Die Fristberechnung erfolgt nach § 57 II VwGO, § 222 I ZPO, §§ 187 ff. BGB. Es handelt sich wie bereits bei der Widerspruchsfrist um eine Ereignisfrist, d.h. der Tag der Zustellung zählt nicht mit, § 187 I BGB. 132

> ***Bsp.:** Zustellung am 31.01., Fristbeginn 01.02., Fristende 28.02., 24.00 Uhr. Wichtig ist hier, auf § 188 III BGB zu achten; da es den Tag des eigentlichen Fristendes hier nicht gibt („31.02."), ist das Monatsende entscheidend.*

vollständiges Ausschöpfen der Frist grds. zulässig

Diese Frist kann bis zur letzten Minute ausgeschöpft werden. Es entstehen dann allerdings erhöhte Sorgfaltsanforderungen, die bei Versäumung der Frist i.R.e. Wiedereinsetzung von Bedeutung sein können. 133

---

57 Siehe o. Rn. 67 ff.

58 Zu den Anwendungsfällen des § 75 VwGO bei der Verpflichtungsklage vgl. u. Rn. 284.

Die Monatsfrist beginnt nur bei ordnungsgemäßer Zustellung und richtiger Rechtsbehelfsbelehrung zu laufen. 134

1. Zustellung

Zustellung: BundesVwZG

Die Zustellung des Widerspruchsbescheides ist durch § 73 III S. 1 VwGO vorgeschrieben, sie richtet sich nach BundesVwZG, vgl. § 73 III S. 2 VwGO.[59] 135

hemmer-Methode: Soweit kein Widerspruchsverfahren stattfindet, ist fristauslösendes Ereignis nach § 74 I S. 2 VwGO die Bekanntgabe des Verwaltungsakts.

2. Rechtsbehelfsbelehrung

Rechtsbehelfsbelehrung

Ist der Widerspruchsbescheid nicht mit einer ordnungsgemäßen Rechtsbehelfsbelehrung versehen, verlängert sich die Klagefrist nach § 58 II VwGO auf ein Jahr. 136

Unzutreffende oder irreführende Zusätze führen nur dann zur Unrichtigkeit, wenn sie geeignet sind, die Rechtsbehelfseinlegung zu erschweren.

hemmer-Methode: Vorsicht ist immer dann geboten, wenn im Sachverhalt eine Rechtsbehelfsbelehrung wörtlich abgedruckt ist. Hier wird vom Bearbeiter zumindest eine kritische Auseinandersetzung mit der Formulierung erwartet.

3. Verwirkung

ohne Zustellung grds. kein Fristlauf

Fehlt es an einer wirksamen Zustellung des Widerspruchsbescheides, läuft überhaupt keine Klagefrist. 137

> **Bsp.:** *Entgegen § 7 I S. 2 VwZG wird der Widerspruchsbescheid nicht an den bevollmächtigten RA, sondern an den beteiligten Bürger selbst zugestellt.*
>
> Diese Zustellung ist unwirksam und wird nach § 8 VwZG auch dann nicht geheilt, wenn der RA seinem Mandanten Mitteilung macht.

aber u.U. Verwirkung

Eine zeitliche Grenze ist der Klageerhebung in einem solchen Fall nur durch das Rechtsinstitut der Verwirkung des Klagerechts gesetzt (dazu bereits oben Rn. 115 ff.). 138

---

[59] Sartorius 110.

Erforderlich ist, dass der Beeinträchtigte bis zur Klageerhebung einen nicht unerheblichen Zeitraum verstreichen lässt und dabei zu erkennen gibt, dass eine Rechtsverfolgung nicht mehr beabsichtigt ist. Nach dem Rechtsgedanken des § 58 II VwGO wird dies innerhalb einer Jahresfrist aber regelmäßig nicht der Fall sein.

VI. Beteiligten- und Prozessfähigkeit, §§ 61, 62 VwGO

Beteiligten- u. Prozessfähigkeit

Die Beteiligten- und Prozessfähigkeit richtet sich nach §§ 61, 62 VwGO. Gerade beim Auftreten juristischer Personen – und damit v.a. auf Beklagtenseite - sollten Sie diese Vorschriften immer ansprechen. **139**

> ***Bsp.:*** *Eine Gemeinde ist als Gebietskörperschaft (= juristische Person) des öffentlichen Rechts beteiligtenfähig nach § 61 Nr. 1 VwGO und prozessfähig nach § 62 III VwGO. Letzteres erfordert nach den entsprechenden Regelungen der jeweiligen Gemeindeordnung regelmäßig eine Vertretung durch den Ersten Bürgermeister.*

VII. Weitere Zulässigkeitsvoraussetzungen

weitere Zulässigkeitsvoraussetzungen

Die folgenden Zulässigkeitsvoraussetzungen sind nur anzusprechen, wenn sie im Sachverhalt problematisiert werden. **140**

1. Ordnungsgemäße Klageerhebung, §§ 81, 82 VwGO

ordnungsgemäße Klageerhebung

Eine verwaltungsgerichtliche Klage ist ordnungsgemäß erhoben, wenn die Klageschrift die unverzichtbaren Bestandteile des § 82 I VwGO aufweist und schriftlich oder zur Niederschrift bei Gericht eingereicht wird. **141**

Zu beachten ist, dass es einen Anwaltszwang erst vor dem OVG/VGH gibt, § 67 IV VwGO, nicht aber vor dem VG.

Eigenhändige Unterschrift

Der Grundsatz der Schriftlichkeit verlangt auch die eigenhändige Unterschrift des Klägers bzw. seines Bevollmächtigten, § 126 BGB. **142**

2. Richtiger Beklagter, § 78 VwGO

Rechtsträgerprinzip

Gem. § 78 I Nr. 1 VwGO ist die Klage gegen denjenigen Verwaltungsträger zu richten, dessen Behörde den Verwaltungsakt erlassen hat. Dies wird auch als sog. „**Rechtsträgerprinzip**“ bezeichnet. **143**

Bei Verwaltungsakten einer Gemeinde ist dies die Gemeinde selbst, denn sie ist eine eigenständige juristische Person des Öffentlichen Rechts. Bei Landes- oder Bundesbehörden wie z.B. Ministerien ist gem. § 78 I Nr. 1 VwGO das Land bzw. der Bund richtiger Beklagter.

Einige Länder haben allerdings von der Möglichkeit des § 78 I Nr. 2 VwGO Gebrauch gemacht, sodass nicht der Rechtsträger, sondern die Behörde selbst zu verklagen ist.

Dies sind:[60] 144

⇨ Brandenburg

⇨ Mecklenburg-Vorpommern

⇨ Saarland

sowie eingeschränkt:

⇨ Niedersachsen

⇨ Sachsen-Anhalt

⇨ Schleswig-Holstein

⇨ Rheinland-Pfalz

hemmer-Methode: Bisweilen wird § 78 VwGO nicht in der Zulässigkeit geprüft, sondern zu Anfang der Begründetheit unter dem Stichwort „Passivlegitimation". In **Bayern** bspw. ist dies üblich bzw. sogar zwingend.
Das Verständnis des § 78 VwGO ist insoweit umstritten.[61] Wenn möglich sollten Sie sich erkundigen, welche Auffassung der Professor bevorzugt, der Ihnen im Studium gerade die Klausur oder Hausarbeit stellt. Die rechtliche Bedeutung des Meinungsstreits tendiert gegen Null, daher sollten Sie darauf keine weiteren Gedanken verwenden.

3. Sachliche und örtliche Zuständigkeit des VG bzw. des OVG/VGH, §§ 45 ff., 52 VwGO

Zuständigkeit des VG

Zu beachten ist hier die Prüfungsreihenfolge bei § 52 VwGO, da sich die Gerichtsstände gegenseitig ausschließen: Nr. 1, Nr. 4, Nr. 2, Nr. 3 und Nr. 5. 145

bei Unzuständigkeit Verweisung v.A.w.

Sollte das angerufene Gericht sachlich oder örtlich unzuständig sein, so erfolgt nach § 17a II GVG eine Verweisung an das zuständige Gericht von Amts wegen, da § 83 VwGO auf die §§ 17 ff. GVG verweist. 146

---

60 Vgl. Kopp/Schenke, § 61 VwGO, Rn. 13.

61 Dazu Kopp/Schenke, § 78 VwGO, Rn. 1 ff.

Darin liegt ein erheblicher Unterschied zur ZPO, dort ist gem. § 281 ZPO ein Antrag des Klägers erforderlich, um eine Abweisung als unzulässig zu verhindern.

4. Keine anderweitige Rechtshängigkeit, keine entgegenstehende Rechtskraft

Rechtskrafts-/ Rechtshängigkeitsprobleme

Wie in der ZPO darf auch hier der Streitgegenstand nicht bereits bei einem anderen Verwaltungsgericht anhängig oder von diesem bereits rechtskräftig entschieden worden sein (§ 173 VwGO, § 261 III Nr. 1 ZPO). *147*

5. Allgemeines Rechtsschutzbedürfnis

allgemeines Rechtsschutzbedürfnis

Das allgemeine Rechtsschutzbedürfnis fehlt, wenn das Klageziel auf andere Art und Weise bei gleicher Effektivität schneller, besser oder billiger erreicht werden kann. *148*

Da die Anfechtungsklage auf den Sondertatbestand der Aufhebung eines VAs gerichtet ist und dieses Ziel anders nicht erreicht werden kann, ist dieser Punkt grds. nicht zu prüfen.

B) Zwischen Sachurteilsvoraussetzungen und Begründetheit[62]

Einige prozessuale Fragen werden üblicherweise zwischen den Prüfungspunkten „Sachurteilsvoraussetzungen" und „Begründetheit" geprüft. *149*

I. Klagehäufung

Die Klagehäufung gibt es als: *150*

objektive Klagehäufung

- ⇨ objektive, wenn mehrere sachliche Streitgegenstände in einer Klage anhängig gemacht werden, § 44 VwGO, und als,
- ⇨ subjektive gem. § 64 VwGO i.V.m. §§ 59 ff. ZPO, wenn mehrere Personen klagen oder verklagt werden.

In öffentlich-rechtlichen Klausuren spielt meist nur der erste, in **§ 44 VwGO** geregelte Fall eine Rolle. *151*

---

62 Ausführlich **Hemmer/Wüst, Verwaltungsrecht I, Rn. 248 ff.**

Bsp.: *Wenn z.B. in einer Polizeirechtsklausur ein Polizist sich unter Androhung von Zwangsmitteln Zutritt zu einer Wohnung verschafft, diese durchsucht und einzelne Gegenstände sicherstellt, liegen darin mehrere Maßnahmen, die der betroffene Bürger allesamt einer gerichtlichen Überprüfung zuführen kann. Es liegt eine objektive Klagehäufung, § 44 VwGO, vor.*

hemmer-Methode: Zum Verhältnis der subjektiven zur objektiven Klagehäufung gilt: Bei subjektiver Klagehäufung liegt stets auch eine objektive vor, da es sich bei mehreren Klägern und damit bei mehreren Anträgen auch immer um mehrere Streitgegenstände handelt.

Grundsätzlich genügt es, auf die Tatbestandsmerkmale des § 44 VwGO hinzuweisen, eine genaue Prüfung ist in den wenigsten Fällen erforderlich.

II. Beiladung, § 65 VwGO

Zu unterscheiden ist zwischen der

Beiladung

- ⇨ einfachen Beiladung gem. § 65 I VwGO, die im Ermessen des Gerichts steht, und der **152**
- ⇨ notwendigen Beiladung gem. § 65 II VwGO, die zwingend anzuordnen ist. **153**

Drittanfechtungsklage

Letztere sollte bei Vorliegen der typischen Fallkonstellationen immer erwähnt werden. Ihr hauptsächlicher Anwendungsbereich findet sich im Baurecht, dort ist bei Nachbaranfechtungsklagen immer der Bauherr beizuladen, im Fall der Notwendigkeit des gemeindlichen Einvernehmens nach § 36 I S. 1 BauGB auch die Gemeinde.

hemmer-Methode: Sinn und Zweck der Beiladung ist es, die Rechtskraft des Urteils auf den Beigeladenen zu erstrecken, §§ 121, 63 VwGO.

C) Begründetheit der Anfechtungsklage[63]

Merke: Gem. § 113 I S. 1 VwGO ist die Anfechtungsklage begründet, soweit der Verwaltungsakt rechtswidrig und der Kläger dadurch in seinen Rechten verletzt ist. **154**

[63] Ausführlich **Hemmer/Wüst, Verwaltungsrecht I, Rn. 255 ff.**

In Bundesländern wie Bayern und Thüringen, in denen üblicherweise § 78 VwGO als Regelung der Passivlegitimation in der Begründetheit geprüft wird, ist der Obersatz entsprechend zu ergänzen:

Merke: Gem. §§ 78, 113 I S. 1 VwGO ist die Anfechtungsklage begründet, wenn sie gegen den richtigen Beklagten gerichtet ist, der Verwaltungsakt rechtswidrig und der Kläger dadurch in seinen Rechten verletzt ist.

Besonders problematisch ist die Passivlegitimation in Bayern, wenn der Verwaltungsakt vom Landratsamt erlassen wurde, da dieses nach Art. 37 I LKrO sowohl Behörde des jeweiligen Landkreises (S. 1) als auch des Freistaates (S. 2) sein kann. In den klausurrelevanten Fällen handelt es regelmäßig als Staatsbehörde i.S.d. Art. 37 I S. 2 LKrO, sodass richtiger Beklagter der Freistaat Bayern ist.

hemmer-Methode: Das Zulässigkeitsschema, in dem man relativ viel schematisch abhaken kann, bietet für die Klausur einen ersten Einstieg und damit die Möglichkeit, zum einen „warm zu werden“, zum anderen einige wichtige Punkte „gegen das Durchfallen“ zu sammeln. Der Schwerpunkt, an dem insbesondere auch über gute Bewertungen entschieden wird, wird aber in fast allen Fällen auf der Begründetheitsprüfung liegen. Hier muss der Bearbeiter „Farbe bekennen“ und eine überzeugende Argumentation anhand des Gesetzes bieten.
Ein wichtiger Punkt ist dabei die Subsumtionsarbeit, da auch eine öffentlich-rechtliche Klausur nicht allein durch Argumente aus der allgemeinen Lebenserfahrung geschrieben werden kann. Vielmehr wird sich die Lösung i.d.R. zum größten Teil aus dem Gesetz ergeben.
Darüber hinaus wird aber gerade in öffentlich-rechtlichen Klausuren auch oft sehr viel „Textverarbeitung“ aus dem Sachverhalt verlangt. Häufig wird eine Klagesituation geschildert, in der der Kläger und der Beklagte ihre Ansichten austauschen und dabei bereits viele Argumente ansprechen, die in der Lösung wieder auftauchen sollen (allerdings dort nach ihrer Stichhaltigkeit bewertet werden müssen).

Obersatz s. Prüfungsschema

Aus den o.g. Punkten, die über die Begründetheit einer Anfechtungsklage entscheiden, ergibt sich das Prüfungsprogramm für die Klausur. Dies sollte man auch deutlich machen, indem man die Begründetheitsprüfung mit einem einleitenden Obersatz beginnt, der bei der Anfechtungsklage dem Wortlaut des § 113 I S. 1 VwGO folgt. 155

hemmer-Methode: Unterschätzen Sie die Bedeutung des Obersatzes nicht! Dem Korrektor wird damit gezeigt, was als Nächstes folgt und wie die Prüfung verlaufen wird. Der Bearbeiter selbst gibt sich eine Richtschnur, die er während der weiteren Klausur nicht mehr aus dem Auge verlieren sollte.

Prüfungsschema für die Begründetheit

Prüfungspunkte der Begründetheit der Anfechtungsklage sind: 156

I. Rechtmäßigkeit des Verwaltungsakts
- **1. Rechtsgrundlage**
- **2. Formelle Rechtmäßigkeit**
  - **a) Zuständigkeit**
  - **b) Verfahren**
  - **c) Form**
- **3. Materielle Rechtmäßigkeit**

II. Rechtsverletzung des Klägers

I. Rechtmäßigkeit des Verwaltungsakts[64]

1. Rechtsgrundlage

Zitat d. Rechtsgrundlage

Bevor man die Rechtmäßigkeit des angegriffenen Verwaltungsakts überprüft, sollte die in Betracht kommende Rechtsgrundlage für den Verwaltungsakt bestimmt werden. Häufig ergeben sich nämlich erst aus dieser Grundlage die zuständige Behörde sowie möglicherweise auch zusätzliche Verfahrensanforderungen. 157

> ***Bsp.:*** *Wird eine Gewerbeuntersagung wegen Unzuverlässigkeit nach § 35 GewO ausgesprochen, ergibt sich erst aus diesem speziellen Gesetz, dass gem. § 35 IV GewO vor Erlass des Verwaltungsakts grds. die Aufsichtsbehörde, die IHK und die Handelskammer gehört werden sollen. Diese Forderung ist dann als Frage des Verfahrens unter dem Prüfungspunkt der formellen Rechtmäßigkeit zu behandeln. Würde dagegen die möglicherweise einschlägige Rechtsgrundlage erst i.R.d. materiellen Rechtmäßigkeit gesucht, würden spezielle formelle Anforderungen wie etwa die Regelung der örtlichen Zuständigkeit in § 35 VII GewO entweder „unter den Tisch fallen“ oder – prüfungssystematisch eigentlich unrichtig – mit materiellen Fragen verquickt werden.*

Bei der Rechtsgrundlage können Sie mit mehreren Fragen konfrontiert werden: Erstens kann zweifelhaft sein, ob der Verwaltungsakt überhaupt einer Rechtsgrundlage bedarf. Zweitens können mehrere Rechtsgrundlagen in Betracht kommen, und drittens muss die einschlägige Rechtsgrundlage wirksam sein.

---

[64] Ausführlich **Hemmer/Wüst, Verwaltungsrecht I, Rn. 263 ff.**

a) Erforderlichkeit einer Rechtsgrundlage

Vorbehalt des Gesetzes

Einer Rechtsgrundlage bedarf jeder **belastende** Verwaltungsakt. Dies fordert der verfassungsrechtliche **Grundsatz des Vorbehalts des Gesetzes**, der aus den Grundrechten (Art. 2 I GG) sowie dem Rechtsstaatsprinzip (Art. 20 III GG) folgt. 158

EXKURS: Vorrang und Vorbehalt des Gesetzes

Grundsatz der Gesetzmäßigkeit der Verwaltung

Das Rechtsstaatsprinzip beinhaltet u.a. die Grundsätze des **Vorrangs des Gesetzes** und des **Vorbehalts des Gesetzes**. Diese beiden Grundsätze werden bisweilen unter dem Begriff der „Gesetzmäßigkeit der Verwaltung“ zusammengefasst. 159

Vorrang des Gesetzes bedeutet, dass die Verwaltung die geltenden Gesetze beachten muss und nicht dagegen verstoßen darf. Es gilt die **Gesetzesbindung der Verwaltung**. 160

Werden die Gesetze nicht eingehalten, ist das Verwaltungshandeln rechtswidrig.

Das Prinzip vom **Vorbehalt** des Gesetzes geht darüber hinaus und besagt, dass die Verwaltung nur handeln darf, wenn sie durch ein Gesetz hierzu ermächtigt ist. Das Verwaltungshandeln bedarf dann einer gesetzlichen **Rechtsgrundlage**. 161

EXKURS ENDE

Anders als der Vorrang des Gesetzes, der für jegliche Verwaltungstätigkeit gilt, ist die **Reichweite** des Vorbehalts des Gesetzes umstritten. 162

Der Vorbehalt des Gesetzes aber gilt nach allgemeiner Auffassung für alle belastenden Maßnahmen der Verwaltung, und damit insbesondere für belastende Verwaltungsakte. I.R.d. Anfechtungsklage ist daher in aller Regel eine gesetzliche Ermächtigung erforderlich.

hemmer-Methode: Strittig ist die Reichweite des Gesetzesvorbehalts im Rahmen der sog. Leistungsverwaltung. Schwierigkeiten ergeben sich v.a. bei dem klassischen Problemkreis der Subventionen. Dieses gehört jedoch meist zur Verpflichtungsklage und wird deshalb dort näher erläutert![65]

[65] Siehe u. Rn. 261.

b) Auswahl unter mehreren Rechtsgrundlagen

mehrere Rechtsgrundlagen

In manchen Fällen kommen mehrere Rechtsgrundlagen für einen Verwaltungsakt in Betracht. Dann müssen Sie sich entscheiden, welche Sie anwenden und im weiteren Verlauf der Klausur prüfen. 163

> **Bsp.:** *Die Polizei löst eine öffentliche Versammlung auf dem Marktplatz in der Stadt S auf. Was ist Rechtsgrundlage für diesen Verwaltungsakt?*

aa) Spezielle und allgemeine Rechtsgrundlagen

Spezialitätsgrundsatz

Es kommt einerseits die polizeiliche Generalklausel (z.B. § 8 I PolG NW, § 3 I SächsPolG, Art. 11 I, II BayPAG)[66] in Betracht, andererseits aber für die Auflösung der Versammlung § 15 III Versammlungsgesetz (VersG).[67] Im Verhältnis der Rechtsgrundlagen gilt die allgemeine Regel, dass das **speziellere Gesetz** dem allgemeineren vorgeht (**Spezialitätsgrundsatz**). 164

> **Bsp.:** *Die polizeiliche Generalklausel gilt grundsätzlich für alle Gefahren für die öffentliche Sicherheit oder Ordnung, während das VersG nur für die Gefahren anwendbar ist, die von Versammlungen ausgehen. Die Ermächtigung nach § 15 VersG gilt sogar nur für öffentliche Versammlungen, die unter freiem Himmel stattfinden. Aus diesem Grund ist das VersG spezieller und geht der polizeilichen Generalklausel vor. Nur § 15 III VersG ist daher anzuwenden und der weiteren Prüfung zugrunde zu legen.*[68]

mehrere Rechtsgrundlagen in einem Gesetz

Ein Verhältnis von spezieller und allgemeiner Norm kann nicht nur zwischen unterschiedlichen Gesetzen wie dem VersG und dem Polizeigesetz bestehen, sondern auch innerhalb eines Gesetzes zwischen verschiedenen Rechtsgrundlagen. 165

> **Bsp.:** *Die zuständige Behörde ordnet den Abriss eines Gartenhäuschens an, weil dieses nicht mit dem Baurecht vereinbar sei. Was ist Rechtsgrundlage für diesen Verwaltungsakt?*

---

66 § 10 I BremPolG; § 3 i.V.m. § 1 BWPolG; § 11 NSOG; § 5 Thür OBG, § 12 Thür PAG.

67 Sartorius Nr. 435.

68 In einigen Bundesländern wie Sachsen und Bayern besteht mittlerweile ein Landesversammlungsgesetz, auf das Sie dort abstellen müssen, vgl. Art. 125a I GG.

In den Bauordnungen der Länder ist einerseits eine bauordnungsrechtliche Generalklausel enthalten (§ 61 I BauO NRW; Art. 54 II BayBO; § 58 II SächsBO),[69] andererseits aber – außer in NRW – eine besondere Befugnis (u.a.) zur Beseitigungsanordnung (Art. 76 S. 1 BayBO; § 80 S. 1 SächsBO). Da letztere spezieller ist, gilt diese für die hier von der Behörde getroffene Anordnung.

bb) Arten von Rechtsvorschriften

Rechtsgrundlagen in Parlamentsgesetzen

Rechtsgrundlagen können in unterschiedlichen **Arten von Rechtsvorschriften** enthalten sein. Dies sind einerseits die vom Bundestag oder vom Landtag beschlossenen Gesetze (**Parlamentsgesetze** oder auch **formelle Gesetze** genannt). 166

Rechtsgrundlagen in untergesetzlichen Rechtsvorschriften

In begrenztem Umfang können auch Stellen der öffentlichen **Verwaltung** Rechtsvorschriften erlassen. Diese sind entweder Rechtsverordnungen oder Satzungen (**untergesetzliche Rechtsvorschriften** oder auch Gesetze im nur materiellen Sinn genannt).

Rechtsverordnungen

Rechtsverordnungen werden von der Regierung[70] oder nachgeordneten Verwaltungsbehörden erlassen. Für die Rechtsverordnungen auf Grundlage einer bundesgesetzlichen Ermächtigungsgrundlage gilt Art. 80 GG; die Verfassungen der Länder enthalten häufig entsprechende Vorschriften für die Rechtsverordnungen auf Länderebene.[71] 167

Satzungen

Satzungen sind Rechtsvorschriften, die von selbstständigen juristischen Personen des Öffentlichen Rechts erlassen werden. 168

Hauptbeispiel hierfür sind Gemeinden und Kreise, aber auch andere Körperschaften, Anstalten und Stiftungen wie Universitäten und Kammern. Zumeist regelt eine Satzung Fragen, die diesen Verwaltungsträgern zur selbstständigen Wahrnehmung übertragen wurden.

hemmer-Methode: Die Satzung als Ermächtigungsgrundlage eines Verwaltungsakts ist Thema in Fall 18 der „44 wichtigsten Fälle zum Verwaltungsrecht" von Hemmer/Wüst.

---

69 § 61 I BremLBO; § 47 LBOBW; § 65 NBauO; § 60 ThürBO.

70 Bundes- oder Landesregierung.

71 Art. 75 SächsVerf; Art. 70 Verf NRW; Art. 61 BWVerf; Art. 43 Nds.; Art. 84 ThürVerf.

c) Wirksamkeit der Rechtsgrundlage

wirksame Rechtsgrundlage

Damit der Verwaltungsakt rechtmäßig ist, muss die Rechtsgrundlage **wirksam** sein. Unwirksam ist eine Rechtsvorschrift, wenn sie gegen höherrangiges Recht verstößt. 169

Ist die Ermächtigung in einem formellen Bundesgesetz enthalten, so muss sie mit dem Grundgesetz vereinbar sein. Ein verfassungswidriges Gesetz ist demgegenüber nichtig und unwirksam.

hemmer-Methode: In einer Klausur oder Hausarbeit dürfen Sie im Normalfall die Wirksamkeit bestehender formeller Gesetze nicht bezweifeln. Dies ist in aller Regel vom Ersteller des Falls nicht gewollt. Anders ist dies, wenn Ihnen ein fiktives Gesetz präsentiert wird, oder im Sachverhalt ausdrücklich die Verfassungsmäßigkeit der Rechtsgrundlage bezweifelt wird. Dann müssen Sie zur Wirksamkeit der Ermächtigung Stellung nehmen! **hemmer-Methode** heißt Echo-Prinzip: Was ist im Sachverhalt angelegt, was will der Ersteller des Falls hören. Streben Sie bestmöglichen Konsens mit dem Klausurersteller an!

Überprüfung der Wirksamkeit einer RVO oder Satzung

Wenn die Ermächtigung für den zu prüfenden Verwaltungsakt nun nicht in einem Parlamentsgesetz, sondern in einer Rechtsverordnung oder Satzung enthalten ist, so müssen Sie diese auf ihre Wirksamkeit untersuchen. 170

Zu dem höherrangigen Recht, gegen das die Rechtsverordnung oder Satzung verstoßen kann, zählen dabei nicht nur das Verfassungsrecht, sondern insbesondere auch die formellen Gesetze.

Da das Prinzip vom Vorbehalt des Gesetzes[72] grundsätzlich ein formelles Gesetz erfordert, **bedarf die Rechtsverordnung oder Satzung wiederum selbst einer eigenen Ermächtigung**. Für Rechtsverordnungen ist dies ohnehin besonders in Art. 80 I S. 1 GG geregelt. Aber auch für Satzungen genügt die Satzungsautonomie des Satzungsgebers dann nicht, wenn die Satzung Grundlage eines belastenden Verwaltungsakts sein soll.

Sie müssen also an dieser Stelle wiederum die **Wirksamkeit der Rechtsverordnung oder Satzung** prüfen. 171

[72] Siehe o. Rn. 161.

Es gilt das gleiche Prüfungsschema wie für den Verwaltungsakt: Rechtsgrundlage – formelle Voraussetzungen – materielle Voraussetzungen.

Prüfungsschema:

I. Rechtmäßigkeit des Verwaltungsakts

1. **Rechtsgrundlage: die RVO/Satzung**

   Wirksamkeit der RVO/Satzung?

   a) **Rechtsgrundlage der RVO/Satzung: in einem formellen Gesetz**

   b) **Formelle Voraussetzungen für die RVO/Satzung**

   c) **Materielle Voraussetzungen für die RVO/Satzung**

2. **Formelle RMK des Verwaltungsakts**
3. **Materielle RMK des Verwaltungsakts**

II. Rechtsverletzung

hemmer-Methode: Anders als bei Parlamentsgesetzen, deren Wirksamkeit Sie grundsätzlich nicht bezweifeln sollten (vgl. die vorige hemmer-Methode), ist dies in aller Regel bei einer Rechtsverordnung oder Satzung erforderlich. Daran müssen Sie in der Klausur oder Hausarbeit denken!!

Bsp.: Die Gemeinde ordnet gegenüber Landwirt L an, dass er künftig nur noch Wasser aus der gemeindlichen Wasserversorgungsanlage beziehen und keine anderen Bezugsquellen nutzen dürfe. Die Gemeinde hat eine Satzung über den Anschluss- und Benutzungszwang für die eigene Wasserversorgung erlassen. L erhebt Anfechtungsklage.

Bei der Prüfung, ob der Verwaltungsakt rechtmäßig ist, ziehen Sie die Satzung der Gemeinde als Ermächtigung heran. Dabei müssen Sie inzident deren Wirksamkeit prüfen. Hierzu gehört wiederum, dass für die Satzung selbst eine Rechtsgrundlage vorhanden ist. Diese ist in den Gemeindeordnungen der Länder zu finden (z.B. § 9 GO NRW; Art. 24 I Nr. 2 BayGO; § 14 SächsGemO).[73]

hemmer-Methode: Die klausurmäßige Darstellung einer Satzung als Rechtsgrundlage finden Sie in Fall 18 in „Die 44 wichtigsten Fälle zum Verwaltungsrecht“ von Hemmer/Wüst.

[73] § 1 BremGesetz über die Rechtsetzungsbefugnisse der Gemeinden; § 11 BW GO; § 8 NGO; § 20 II ThürKO.

2. Formelle Rechtmäßigkeit des Verwaltungsakts[74]

formelle RMK

In der formellen Rechtmäßigkeit sind Zuständigkeit, Verfahren und Form zu prüfen. 172

a) Zuständigkeit

i.d.R. im Landesgesetz geregelt

Die sachliche Zuständigkeit ist wegen der nach Art. 83 GG garantierten Verwaltungshoheit der Länder zumeist in speziellen Ländergesetzen geregelt. 173

Die örtliche Zuständigkeit, d.h. die Frage, welche der verschiedenen gleichgeordneten Behörden für den Verwaltungsakt zuständig ist, wird in der Klausur zumeist keine Probleme aufwerfen und ergibt sich mehr oder weniger unmittelbar aus dem Sachverhalt.

Eine teilweise Regelung der örtlichen Zuständigkeit ist zudem in § 3 VwVfG zu finden.

hemmer-Methode: Das Fehlen der in § 3 VwVfG geregelten örtlichen Zuständigkeit ist in der Regel nach § 46 VwVfG unbeachtlich. Im Fall des § 3 I Nr. 1 VwVfG führt die örtliche Unzuständigkeit hingegen nach § 44 II S. 3 VwVfG zur Nichtigkeit des Verwaltungsaktes.

b) Verfahren

Begriff des Verwaltungsaktes

Nach § 9 VwVfG geht dem Erlass jedes Verwaltungsaktes ein Verwaltungsverfahren voraus. Der Verwaltungsakt muss also i.R. eines ordnungsgemäß durchgeführten behördlichen Verfahrens erlassen worden sein. Für dieses Verfahren gibt es – neben Vorschriften in Spezialgesetzen, wie z.B. § 35 IV GewO – allgemein geltende Vorschriften im VwVfG. Die wichtigsten und in der Klausur typischen Verfahrensprobleme werden im Folgenden kurz dargestellt. 174

aa) Anhörung, § 28 VwVfG

belastender Verwaltungsakt

Vor dem Erlass von Verwaltungsakten, die einen Rechtseingriff darstellen, ist eine Anhörung vorgeschrieben. Ein solcher Eingriff liegt vor, wenn durch den beabsichtigten Verwaltungsakt dem Betroffenen eine von ihm bereits innegehabte Rechtsposition entzogen, ihm also „etwas genommen“ werden soll. 175

---

[74] Ausführlich **Hemmer/Wüst, Verwaltungsrecht I, Rn. 293 ff.**

Bsp.: *Soll also einem Gewerbetreibenden ein (nach dem Grundsatz der Gewerbefreiheit grds. erlaubnisfreies) Gewerbe untersagt werden, so muss – neben den in § 35 IV GewO genannten Behörden – auch er selbst nach § 28 I VwVfG angehört werden.*

Beantragt er dagegen eine Erlaubnis für ein erlaubnispflichtiges Gewerbe (so z.B. den Betrieb einer Spielhalle nach § 33i GewO), so muss er vor der Versagung der beantragten Erlaubnis nicht notwendig noch einmal gehört werden:

Zum einen wird ihm nichts genommen, was er vorher schon hatte, sondern nur „nichts Neues dazu gewährt"; zum anderen hatte er bereits in der Antragsstellung ausreichend Gelegenheit, seinen Standpunkt zu begründen. Daraus ergibt sich also, dass vor der Ablehnung eines Antrags auf Erlass eines begünstigenden Verwaltungsaktes keine Anhörung erforderlich ist, solange von den tatsächlichen Angaben des Antragstellers nicht abgewichen wird, § 28 II Nr. 3 VwVfG.

Gelegenheit zur Äußerung

Dem Anhörungsrecht wurde Genüge getan, wenn dem Betroffenen Gelegenheit zur Äußerung gegeben wurde. Ob er diese auch wahrnimmt, spielt dagegen keine Rolle. 176

Heilung

Unterbleibt die Anhörung, so stellt dies grds. einen Verfahrensfehler dar, wenn nicht ein Grund für das ausnahmsweise Absehen von der Anhörung nach § 28 II VwVfG vorliegt. Der Fehler kann allerdings noch bis zum Abschluss des gerichtlichen Verfahrens geheilt werden, vgl. § 45 I Nr. 3, II VwVfG, wenn die Anhörung nachgeholt wird. 177

Eine solche nachgeholte Anhörung und damit Heilung tritt nach h.M. bereits mit der Durchführung des Widerspruchs- bzw. Klageverfahrens ein, ohne dass es besonderer Maßnahmen von Ausgangs- oder Widerspruchsbehörde bedarf. Dies wird damit begründet, dass dem Widerspruchsführer durch die Begründung des ursprünglichen Verwaltungsakts die maßgeblichen Tatsachen bekannt sind. Durch die Rechtsbehelfsbelehrung wurde ihm auch eine Äußerungsmöglichkeit eingeräumt, die er beim Einlegen des Widerspruchs wahrnehmen kann.

hemmer-Methode: Machen Sie sich immer klar, dass die Rechtsfolgen von (formellen) Fehlern unterschiedlich sein können:
In den Fällen des § 44 VwVfG ist der VA nicht nur rechtswidrig, sondern sogar nichtig (eine Anfechtungsklage damit aber ebenfalls erfolgreich, wenn der Kläger dadurch in seinen Rechten verletzt ist).

§ 45 VwVfG enthält Heilungsvorschriften, die dazu führen, dass der VA nicht rechtswidrig ist.
§ 46 VwVfG führt zwar zu keiner Heilung, d.h. der VA bleibt rechtswidrig;[75] der Fehler ist aber unbeachtlich, sodass die Anfechtungsklage nicht begründet sein kann.

bb) Verfahrensprobleme außerhalb des VwVfG

leges speciales

Die Verfahrensvoraussetzungen für jeden VA sind im VwVfG geregelt. Daher kann dieses eigentlich in jeder verwaltungsrechtlichen Klausur eine Rolle spielen. Daneben können sich aber auch in den speziellen Einzelgesetzen nicht nur materielle, sondern auch formelle Voraussetzungen für den Erlass eines VA befinden. 178

> ***Bsp.:*** *Ein Beispiel hierfür ist die bereits o.g. Vorschrift des § 35 IV GewO, wonach bei der Untersagung eines Gewerbes (nicht nur nach § 28 VwVfG der Gewerbetreibende, sondern auch) bestimmte Behörden gehört werden sollen.*

Verfahren im Gemeinderat

Weitere Probleme können sich v.a. dann stellen, wenn der VA von einem Gemeinderat beschlossen wurde. Hier ist dann nämlich bereits i.R.d. formellen Rechtmäßigkeit zu prüfen, ob der Beschluss des Gemeinderats, mit dem über die Angelegenheit entschieden wurde, ordnungsgemäß zustande gekommen ist. 179

hemmer-Methode: Achten Sie hier auf die richtige Terminologie! Der Beschluss des Gemeinderats ist ein Verwaltungsinternum und bei Vorliegen eines Fehlers unwirksam. Der VA ist dagegen regelmäßig nicht nichtig gem. § 44 VwVfG, sondern nur rechtswidrig und anfechtbar.

In diesem Zusammenhang ist beispielsweise auf die – in den Gemeindeordnungen der jeweiligen Bundesländer geregelten – Fragen der Beschlussfähigkeit des Gemeinderates und der ordnungsgemäßen Beschlussfassung zu achten.

c) Form

aa) Formfreier Erlass des Verwaltungsakts

Formfreiheit

Nach § 37 II VwVfG kann ein VA „schriftlich, mündlich oder in anderer Weise erlassen werden". 180

[75] Kopp/Ramsauer, § 46 VwVfG, Rn. 42.

Grds. gilt also hier die Formfreiheit und selbst ein konkludenter Erlass wäre möglich. Nur in wenigen Fällen schreiben spezialgesetzliche Vorschriften bereits unmittelbar für den Erlass des VA die Einhaltung einer Form vor, vgl. bspw. §§ 38 I, 49a I S. 2 VwVfG.

mittelbarer Formzwang

Zumindest mittelbar ergibt sich gleichwohl häufig ein „Formzwang“: So kann zwar auch ein mündlicher VA nach § 41 I VwVfG „bekannt gegeben“ werden; eine „Zustellung“ (vgl. § 41 V VwVfG) erfolgt dagegen stets in irgendeiner Weise schriftlich. Außerdem sind den VAen i.d.R. zum In-Gang-Setzen von Widerspruchs- oder Anfechtungsfristen Rechtsbehelfsbelehrungen beigefügt (vgl. § 58 I, II VwVGO sowie dazu bereits oben i.R.d. Zulässigkeitsprüfung), welche nach § 58 I VwVGO schriftlich zu erfolgen haben. Wird aber eine solche schriftliche Rechtsbehelfsbelehrung erteilt, so wird praktisch immer auch der dazu gehörige VA in Schriftform vorliegen. 181

bb) Begründung des Verwaltungsaktes, § 39 VwVfG

inhaltliche Richtigkeit unbeachtlich

§ 39 VwVfG verlangt als formelle Voraussetzung für einen schriftlichen Verwaltungsakt grds. nur, dass die Behörde überhaupt irgendwelche Tatsachen anführt, die aus ihrer Sicht zum Zeitpunkt des Erlasses des Verwaltungsaktes erheblich waren. Auf die materielle Richtigkeit der Begründung kommt es nicht an. 182

Da an das Vorliegen einer zumindest formell ausreichenden Begründung nur geringe Anforderungen gestellt werden, hat § 39 VwVfG eigentlich nur in den Fällen vollständig fehlender Begründung Klausurrelevanz. Beachten Sie allerdings für **Ermessensentscheidungen § 39 I S. 3 VwVfG**, der die Behörde zur Mitteilung ihrer ermessensleitenden Gründe verpflichtet.

Zudem kann ein Verstoß gegen § 39 VwVfG geheilt werden, indem die Begründung nachträglich gegeben wird, § 45 I Nr. 2 VwVfG. Dies ist sogar bis zum Abschluss der letzten Tatsacheninstanz des verwaltungsgerichtlichen Verfahrens möglich, vgl. § 45 II VwVfG. Greift die Heilungsvorschrift des § 45 VwVfG ein, so ist der Verwaltungsakt nicht rechtswidrig.[76] 183

[76] Kopp/Ramsauer, § 45 VwVfG, Rn. 12.

hemmer-Methode: Keine Frage der Form und der formellen Rechtmäßigkeit ist grundsätzlich die Frage nach der Rechtsbehelfsbelehrung, da es keine gesetzliche Pflicht zur Beifügung einer solchen Belehrung gibt. Anders ist dies nach § 37 VI VwVfG bei schriftlichen oder elektronischen Verwaltungsakten von Bundesbehörden sowie auch bei Landesbehörden beim Erlass eines Widerspruchsbescheides, § 73 III S. 1 VwGO. Allerdings wird auch in diesen Fällen, in denen die Beifügung einer Rechtsbehelfsbelehrung gesetzlich verpflichtend ist, das Fehlen einer solchen Belehrung nicht zur formellen Rechtswidrigkeit des Verwaltungsakts führen. Fehlt die Rechtsbehelfsbelehrung oder ist sie nicht korrekt, so führt dies vielmehr lediglich dazu, dass anstelle der Monatsfrist für Widerspruch (§ 70 I VwGO) und Klage (§ 74 I VwGO) gem. § 58 II S. 1 VwGO die Jahresfrist gilt.

3. Materielle Rechtmäßigkeit des Verwaltungsakts[77]

hemmer-Methode: Ähnlich wie die Zulässigkeit ist auch die Prüfung der formellen Rechtmäßigkeit häufig knapp und standardisiert möglich, und nur einzelne (sich dabei regelmäßig auch wiederholende) Probleme sind vertieft anzusprechen.
Demgegenüber bildet die Prüfung der materiellen Rechtmäßigkeit zumeist einen Schwerpunkt der Klausur, da gerade an dieser Stelle auf die speziellen, im Sachverhalt mitgeteilten Umstände des Einzelfalls eingegangen werden kann.

Subsumtion

Wie oben gezeigt, wird man – wegen der Möglichkeit eventueller zusätzlicher formeller Voraussetzungen – zu Beginn der Begründetheitsprüfung bereits kurz die Rechtsgrundlage, auf die sich die Behörde gestützt hat oder die als einzige in Betracht kommt, nennen. Diese Norm steht nun im Mittelpunkt der Prüfung der materiellen Rechtmäßigkeit, da hier die Probleme i.d.R. weniger im VwVfG als in den spezifischen Einzelgesetzen (z.B. GewO, GaststättenG, etc.) liegen. Die Tatbestandsvoraussetzungen der Norm sind hier zu überprüfen, und es beginnt die eigentliche Subsumtionsarbeit. 184

hemmer-Methode: Obwohl also bei der materiellen Rechtmäßigkeit der Schwerpunkt der Prüfung eindeutig auf den Einzelgesetzen liegt, werden in diesem Skript im Folgenden v.a. „allgemeine“, teilweise auch im VwVfG verankerte Probleme dargestellt.

[77] Ausführlich **Hemmer/Wüst, Verwaltungsrecht I, Rn. 353 ff.**

Dies liegt zum einen daran, dass die nähere Darstellung auch nur der wichtigsten Problemkonstellationen aus den einzelnen Spezialgesetzen des „Besonderen Verwaltungsrechts“ (also z.B. Bau-, Polizei- und Sicherheits- oder Wirtschaftsverwaltungsrecht) den Rahmen dieses Skripts erheblich sprengen würde. Zum anderen sind aber auch diese allgemeinen Fragen deshalb besonders bedeutsam, weil sie sich im Prinzip mit jeder einzelnen Regelungsmaterie des Verwaltungsrechts kombinieren lassen.

a) Tatbestand - Unbestimmte Rechtsbegriffe (Beurteilungsspielraum)

unbestimmte Rechtsbegriffe

Nicht alle Rechtsnormen sind so gestaltet, dass ihre tatbestandlichen Voraussetzungen stets eindeutig und zweifelsfrei zu bestimmen sind, wie es beispielsweise bei quantifizierbaren Größen oder Begriffen wie „Mensch“ der Fall ist. 185

Vielmehr enthalten zahlreiche Vorschriften unbestimmte Rechtsbegriffe, also generalklauselartige Formulierungen, die zu ihrer Anwendbarkeit einer wertenden Auslegung bedürfen.

> ***Bsp.:*** *Beispiele für unbestimmte Rechtsbegriffe wären die (z.B. im Gewerberecht bedeutsame) Voraussetzung der „Zuverlässigkeit“ oder Formeln wie die „Beeinträchtigung des öffentlichen Wohls“.*

Überprüfbarkeit

Dabei stellt sich die Frage, ob und wieweit das Verwaltungsgericht i.R.d. Prüfung der Anfechtungsklage die Entscheidungsfindung der Behörde überprüfen darf. 186

Hintergrund: Gewaltenteilung

Die Problematik von unbestimmten Rechtsbegriffen bzw. Ermessensausübung wurzelt letztlich im Postulat der Gewaltenteilung: 187

Aus diesem ergibt sich zwar zum einen, dass das Verwaltungshandeln durch die Gerichte überprüfbar sein muss; zum anderen darf die Verwaltung aber auch nicht zum „Spielball“ der Gerichte werden, sondern muss eine eigenständige Bedeutung behalten.

Gewissermaßen als Kompromiss zwischen diesen beiden sich widerstreitenden Forderungen geht die h.M. – wie im Anschluss näher gezeigt werden wird – davon aus, dass die Rechtsanwendung auf der Tatbestandsseite gerichtlich grds. voll überprüfbar ist, während auf der Rechtsfolgenseite der Verwaltung bei der Ermessensausübung ein Freiraum bleibt.

unbestimmter Rechtsbegriff voll überprüfbar

Bei unbestimmten Rechtsbegriffen geht die h.M. davon aus, dass diese durch das Verwaltungsgericht voll überprüfbar sind. Grds. steht der Behörde also kein nicht nachprüfbarer Beurteilungsspielraum zu, sodass auf tatbestandlicher Ebene keine freie Entscheidungskompetenz verbleibt, da es sich um eine reine Rechtsentscheidung handelt und insoweit eine Bindung der Exekutive an die Legislative (also der Verwaltung an die Vorgaben der Gesetzgebung) besteht, Art. 20 III GG, welche durch die Judikative (Rechtsprechung) überprüft werden kann. **188**

Im Übrigen würde aufgrund der zahlreichen unbestimmten Rechtsbegriffe anderenfalls auch die Rechtsschutzgarantie des Art. 19 IV GG stark entwertet.

Ausnahmen

Von diesem Grundsatz gibt es aber mehrere Ausnahmen. Diese beruhen als gemeinsames Merkmal darauf, dass es sich jeweils auch um eine Wertungsentscheidung in einem besonderen Einzelfall handelt. Hier ist eine vollständige Überprüfung durch das Gericht in solchen Konstellationen nicht möglich, die vom Gericht nicht objektiv und in gleicher Weise wie von der Verwaltung nachvollzogen werden können. **189**

> **Bsp.:** *So kann etwa die Frage, ob ein bestimmtes Bauvorhaben den Festsetzungen des Bebauungsplans entspricht und daher genehmigungsfähig ist, von einem Gericht, dem der Bebauungsplan und der Bauantrag zur Verfügung stehen (und das notfalls auch einen Augenscheinstermin wahrnehmen kann), letztlich genauso gut beurteilt werden wie von der Verwaltungsbehörde, sodass eine volle Überprüfbarkeit möglich ist.*
>
> *Demgegenüber kann etwa die Bewertung in einer mündlichen Prüfung, an der das Gericht nicht selbst teilgenommen hat und welche auch nie mehr in gleicher Weise nachholbar ist, vom Gericht nie mehr vollständig identisch so nachvollzogen werden, wie sie vor dem prüfenden Organ als Teil der Verwaltung stattgefunden hat.*

Wertungsentscheidungen

Unter diese Sonderfälle, in denen bei der Auslegung unbestimmter Rechtsbegriffe ein (eingeschränkter) Beurteilungsspielraum besteht, fallen etwa Prüfungs- und prüfungsähnliche Entscheidungen, beamtenrechtliche Beurteilungen sowie Entscheidungen von Gremien, die mit nicht weisungsgebundenen Sachverständigen (z.B. Bundesprüfstelle für jugendgefährdende Schriften) besetzt sind.[78] **190**

---

[78] Ausführlich zum Prüfungsrecht vgl. Grieger/Tyroller, **Life&Law 2006, 67 ff.** sowie **Life&Law 12/2010, 851 ff.**

Überprüfbar sind diese Ausnahmeentscheidungen nur daraufhin, ob die Behörde

⇨ den **Sachverhalt** richtig und vollständig ermittelt hat,

⇨ das richtige **Verfahren** eingehalten hat,

⇨ sich nicht von **sachfremden Erwägungen** leiten ließ, oder

⇨ allgemein gültige **Bewertungsmaßstäbe** nicht außer Acht gelassen hat.

restriktive Rspr. des BVerfG

Allerdings ist zu beachten, dass das BVerfG in mehreren Entscheidungen zum Prüfungsrecht und zu den Entscheidungen der Sachverständigengremien im GjSM (Gesetze über die Verbreitung jugendgefährdender Schriften und Medien, jetzt geregelt im JuSchG) den Beurteilungsspielraum der Verwaltung stark eingeschränkt hat. Insbesondere bei Prüfungsentscheidungen ist eine Einschränkung des Beurteilungsspielraums (und damit eine engere gerichtliche Überprüfung) wegen der damit möglicherweise verbundenen Eingriffswirkung in Art. 12 GG erforderlich: Danach darf eine in der jeweiligen Wissenschaft als vertretbar angeführte und mit gewichtigen Argumenten begründete Lösung nicht als falsch gewertet werden. 191

Ferner müssen der Nachprüfungsmaßstab und das Nachprüfungsverfahren so ausgestaltet sein, dass Prüfungsentscheidungen einer gerichtlichen Kontrolle nicht nahezu vollständig entzogen sind, da dies mit der Rechtsweggarantie des Art. 19 IV GG nicht zu vereinbaren wäre.[79] 192

hemmer-Methode: Gerade der drohende Grundrechtseingriff sowie die Rechtsweggarantie des Art. 19 IV GG können häufig herangezogen werden, wenn es darum geht, einen Beurteilungsspielraum der Verwaltung einzuengen. So ist etwa auch die Tendenz des BVerfG, das Prüfungsrecht der Bundesprüfstelle nach dem JuSchG enger zu fassen, mit der Betonung des Grundrechts aus Art. 5 III GG zu erklären.
Für die Klausur empfiehlt sich folgendes Vorgehen: Bei der Subsumtion einer bestimmten Tatbestandsvoraussetzung ist zu erwähnen, dass es sich um einen unbestimmten Rechtsbegriff handelt. Anschließend ist darzustellen, dass dieser Rechtsbegriff grds. voll überprüfbar ist, da es sich um eine Rechtsanwendung handelt. Im Weiteren ist dann zu differenzieren:

[79] Zusammenfassend **Life&Law 2006, 65**; vgl. hierzu auch m.w.N. BVerwG, **Life&Law 2007, 703**.

In den meisten Fällen kann nach dieser Feststellung dann die Subsumtion und Überprüfung „ganz normal“ beginnen.
In den o.g. anerkannten Fallgruppen eines Beurteilungsspielraums ist darauf hinzuweisen, dass aufgrund der vor Gericht nicht vollständig nachvollziehbaren Sondersituation ein (eingeschränkter) Beurteilungsspielraum in Betracht kommt.
Danach muss sich der Bearbeiter entscheiden, ob er diesen Beurteilungsspielraum - etwa auf der Grundlage der o.g. Rechtsprechung des BVerfG – seinerseits wieder einschränken oder im Wesentlichen anerkennen möchte, und muss dann, je nachdem, zu welchem Ergebnis er dabei kommt, die Entscheidung der Behörde entsprechend überprüfen.

Abgrenzung zum Ermessen

In diesem Zusammenhang besonders wichtig ist die genaue 193
Unterscheidung zwischen einem „unbestimmten Rechtsbegriff“ und der Eröffnung von „Ermessen“. Während unbestimmte Rechtsbegriffe sich auf der Tatbestandsseite einer Norm befinden, betrifft das Ermessen die Rechtsfolgenseite einer Vorschrift:

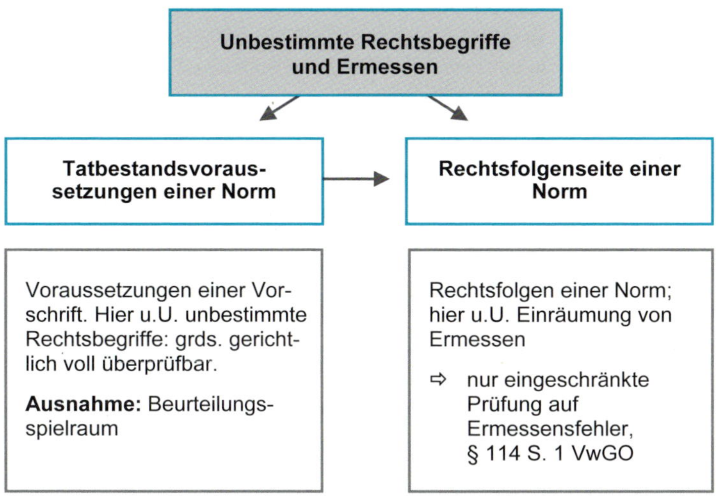

b) Ermessen

Tatbestand und Rechtsfolge

Jede vollständige Rechtsnorm besteht aus zwei Teilen: dem 194
Tatbestand (den Voraussetzungen) und der Rechtsfolge.

Bsp.: Ist der Antragsteller unzuverlässig gem. § 4 I Nr. 1 GastG[80] (Tatbestand), so ist die Gaststättenerlaubnis zu versagen (= Rechtsfolge).

Ermessen = mehrere Alternativen für die behördliche Entscheidung

In der Rechtsfolge kann ein Ergebnis bestimmt sein, indem die Verwaltung zu genau einer Entscheidung verpflichtet ist. Dann liegt ein Fall **gebundener Verwaltung** vor. In anderen Fällen ist jedoch der Rechtsfolgenseite zu entnehmen, dass **der Behörde mehrere Alternativen eröffnet** sind und damit ein Ermessensspielraum besteht. 195

aa) Vorliegen einer Ermessensvorschrift

Einräumung von Ermessen

Ob der Verwaltung Ermessen eingeräumt ist, ist dem Wortlaut der Rechtsvorschrift zu entnehmen, oder aufgrund Auslegung zu ermitteln. Ermessen wird insbesondere durch die Formulierungen „kann“, „darf“ oder „ist befugt“ eingeräumt. 196

Gebundene Verwaltung liegt demgegenüber bei Formulierungen wie „muss“, „hat zu“ oder „ist zu“ vor. Darüber hinaus kennt das Gesetz auch „Soll“-Vorschriften. Diese beinhalten eine grundsätzliche Pflicht der Verwaltung wie bei einer gebundenen Entscheidung. Allerdings ist in Ausnahmefällen ein Abweichen zulässig.

Bspe. für Soll- Vorschriften finden Sie etwa in § 24 S. 2 BImSchG und § 25 II BImSchG.

hemmer-Methode: Die materielle Rechtmäßigkeit prüfen Sie gedanklich immer in zwei Schritten: erstens Tatbestand, zweitens Rechtsfolge. Besteht kein Ermessen, sondern liegt gebundene Verwaltung vor, so ist es nicht notwendig, dass Sie die Rechtsfolgenseite ausdrücklich erörtern. Dies sollten Sie in Ihrer Bearbeitung nur dann machen, wenn ein Ermessen besteht.

Im einfachsten Fall des Ermessens sind der Behörde genau **zwei** Alternativen überlassen: Die Vornahme einer bestimmten Handlung oder ihr Unterlassen. 197

Bsp.: So bestimmt § 15 III Versammlungsgesetz (VersG),[81] dass die Behörde unter bestimmten Voraussetzungen eine Versammlung auflösen kann.

Die Entscheidungsalternativen bestehen darin, die Versammlung aufzulösen oder nicht.

80 S. Sartorius Nr. 810.

81 Sartorius Nr. 435.

In anderen Fällen ist der Behörde eine **Mehrzahl** von Maßnahmen eröffnet. *198*

> ***Bsp.:*** *§ 15 I VersG gibt der Behörde die Möglichkeit, unter bestimmten Voraussetzungen eine Versammlung komplett zu verbieten, von bestimmten Auflagen abhängig zu machen, oder auch von jeglichen Maßnahmen abzusehen.*

Eine Vielzahl von Handlungsmöglichkeiten besteht auch, wenn die Behörde eine **„quantitative" Entscheidung** treffen darf, was insbesondere bei der Auferlegung von Geldleistungspflichten vorkommen kann. *199*

> ***Bsp.:*** *In der Verwaltungsvollstreckung in Bayern kann das Zwangsgeld gem. Art. 31 II BayVwZVG*[82] *zwischen 15,- € und 50.000,- € festgesetzt werden.*

Entschließungs- und Auswahlermessen

Ist der Behörde die Entscheidung darüber eingeräumt, überhaupt zu handeln oder aber untätig zu bleiben, beinhaltet die Vorschrift ein **Entschließungsermessen**. Die Entscheidung unter mehreren in Betracht kommenden Handlungen wird als **Auswahlermessen** bezeichnet. *200*

bb) Überprüfung der Ermessensentscheidung

§ 40 VwVfG, § 114 S. 1 VwGO

Enthält eine Rechtsgrundlage ein Ermessen zugunsten der Behörde, so findet **§ 40 VwVfG** Anwendung. Danach hat die Behörde das Ermessen entsprechend dem Zweck der Ermächtigung auszuüben und die gesetzlichen Grenzen des Ermessens einzuhalten. *201*

In der Begründetheit einer Anfechtungsklage ist für die gerichtliche Überprüfung **§ 114 S. 1 VwGO** anzuwenden, der eben die Grenzen des Ermessens und die zweckentsprechende Ausübung der gerichtlichen Kontrolle unterstellt.

hemmer-Methode: Prägen Sie sich diese beiden Vorschriften unbedingt ein, Sie werden sie noch häufig brauchen: jede Ermessensprüfung beginnt mit dem Zitat von § 40 VwVfG bzw. § 114 S. 1 VwGO.

Danach darf das **Gericht die Ermessensentscheidung einer Behörde nur eingeschränkt überprüfen**. Insbesondere gilt der Grundsatz, dass das Verwaltungsgericht nicht sein Ermessen an die Stelle des Behördenermessens stellen darf. *202*

---

82 Vgl. auch § 11 VwVG des Bundes, Sartorius Nr. 112. Entsprechende Vorschriften finden Sie in den Verwaltungsvollstreckungsgesetzen der anderen Länder, vgl. z.B. § 60 VwVG NW; § 22 SächsVwVG.

Ermessensüberschreitung

Aus der Ermessensvorschrift kann nach dem soeben Gesagten ohne weiteres der gesetzliche Rahmen entnommen werden, innerhalb dessen sich die Entscheidung der Verwaltung bewegen muss. Überschreitet die Behörde diesen Rahmen und liegt die Entscheidung außerhalb, ist die behördliche Maßnahme rechtswidrig. Es liegt eine **Ermessensüberschreitung** vor, § 114 S. 1 Alt. 1 VwGO. 203

Bsp.: *Die Behörde verbietet nicht nur die nächste angemeldete Versammlung des Peter, sondern auch alle weiteren Versammlungen im Stadtbezirk in den nächsten drei Jahren, ohne dass Peter noch weitere Versammlungen angemeldet hätte.*

Das Verbot weiterer, noch gar nicht angemeldeter Versammlungen ist rechtswidrig, weil eine solche Entscheidung überhaupt nicht von § 15 I VersG vorgesehen ist. § 15 I VersG gilt immer nur für eine konkrete, bereits angemeldete Versammlung.[83]

unterscheiden: Ergebnis - Entscheidungsvorgang

Die Überprüfung einer behördlichen Ermessensentscheidung ist gedanklich in zwei Teile zu unterscheiden: 204

⇨ Ergebnis

⇨ Entscheidungsvorgang

hemmer-Methode: Die Reihenfolge der Prüfung ist nicht zwingend. Sie können den Entscheidungsvorgang und damit die ordnungsgemäßen Ermessenserwägungen auch vor dem Ergebnis prüfen. Gedanklich würde man wohl naheliegenderweise erst den Entscheidungsvorgang und dann das Ergebnis prüfen.
Aus didaktischen Gründen soll hier in umgekehrter Reihenfolge vorgegangen werden. Der Aufbau ist insoweit Geschmacksfrage, aber denken Sie vor allem klausurtaktisch: Prüfen Sie diejenige Frage zuletzt, an der die Rechtmäßigkeit des Verwaltungsakts scheitert! Dann können Sie möglichst viel in Ihre Bearbeitung mit einbauen!

(1) Ergebnis – Ermessensüberschreitung

Ermessensrahmen im konkreten Fall

Das Ergebnis der Ermessensentscheidung ist nicht nur dann fehlerhaft, wenn der gesetzlich vorgegebene Rahmen überschritten wird, § 114 S. 1 Alt. 1 VwGO. 205

[83] Vgl. Wortlaut des § 15 I VersG, „die Versammlung", sowie der Bezug zu § 14 VersG (Anmeldepflicht).

Vielmehr kann die behördliche Maßnahme auch deshalb ermessensfehlerhaft sein, weil das Ergebnis im konkreten Fall unzulässig ist. So können aufgrund der Umstände des Einzelfalls, die bei jeder Ermessensentscheidung zu beachten sind, Maßnahmen ermessensfehlerhaft sein, obwohl sie innerhalb des gesetzlichen Rahmens liegen.[84]

Bsp.: *Es steht beispielsweise gem. § 60 VwVG NRW (Art. 31 BayVwZVG, § 22 SächsVwVG) im Ermessen der Behörde, ein Zwangsgeld in Höhe von 10,- bis 50.000,- € zu verhängen, weil der arme Bernd sein kleines Gartenhäuschen in Wanne-Eickel nicht beseitigt hat, obwohl die Behörde dies angeordnet hatte. Die Behörde verhängt ein Zwangsgeld von 20.000,- €.*

Bei der Ermessensentscheidung muss die Behörde alle Umstände des konkreten Falls berücksichtigen. Da das Häuschen klein ist und Bernd arm, ist es im konkreten Einzelfall ermessensfehlerhaft, einen Betrag in dieser Höhe als Zwangsgeld zu bestimmen.

hemmer-Methode: Es erscheint allerdings mindestens ebenso gut vertretbar, diese Fälle unter den Begriff der Ermessensdisproportionalität zu subsumieren, vgl. unten. Die angeordnete Rechtsfolge ist hier nicht schlechthin unzulässig, sondern nur im Einzelfall als Ergebnis einer Abwägung aller relevanter Fakten.

Weiteres Bsp.: *Franz meldet eine Versammlung an (vgl. § 14 I VersG), benennt aber keinen Leiter, obwohl er hierzu bei der Anmeldung verpflichtet ist (§ 14 II VersG).*

Da jede öffentliche Versammlung einen Leiter haben muss (§ 7 I VersG) und dies auch für öffentliche Versammlungen unter freiem Himmel gilt, § 18 I VersG,[85] *verbietet die Behörde die Versammlung (§ 15 I VersG).*

Da gegen §§ 18 I, 7 I VersG verstoßen wird, wenn die Versammlung ohne Leiter durchgeführt wird, besteht eine unmittelbare Gefährdung der öffentlichen Sicherheit.

Der Tatbestand des § 15 I VersG ist erfüllt. Als Rechtsfolge ist in § 15 I VersG vorgesehen, dass die Behörde die Versammlung verbieten, von Auflagen abhängig machen oder auch ganz von Maßnahmen absehen kann.

---

84 Kopp/Schenke, § 114 VwGO, Rn. 39 ff.

85 § 7 VersG gilt wie §§ 5 - 13 VersG insgesamt unmittelbar nur für öffentliche Versammlungen in geschlossenen Räumen, vgl. Überschrift vor § 5 VersG.

Die Pflicht zur Bestellung eines Leiters gem. §§ 18 I, 7 I VersG ist allerdings nicht von einem solchen Gewicht, als dass aus diesem Grund die gesamte Versammlung verboten werden dürfte. Von den im Gesetz vorgesehenen, möglichen Maßnahmen scheidet in diesen Fällen ein „Verbot der Versammlung" aus. Es verbleiben nur Auflagen, insbesondere die Anordnung, nunmehr noch einen Leiter zu bestellen, oder aber das Absehen von jeglichen Maßnahmen. § 7 I VersG wird daher auch als bloße „Ordnungsvorschrift" bezeichnet.

Auch dieser Fall kann als Ermessensüberschreitung bezeichnet werden, da die Behörde den im konkreten Fall gegebenen Rahmen verlassen hat. Überzeugender scheint es, diesen Fall als Ermessensfehlgebrauch, genauer als Ermessensdisproportionalität einzustufen, s.u., da der Fehler sich nicht allein aus der angeordneten Rechtsfolge ergibt, sondern daraus, dass die Behörde für diese Rechtsfolge im konkreten Fall keine ausreichenden Gründe hat.

hemmer-Methode: Die Frage nach einer Ermessensreduktion auf Null spielt bei der Anfechtungsklage keine Rolle, denn hierbei kommt es auf die Überprüfung einer bereits getroffenen Entscheidung der Behörde an. Diese ist ermessensfehlerfrei oder ermessensfehlerhaft. Die Ermessensreduktion auf Null hat Bedeutung für die Verpflichtungsklage, für die „Spruchreife" i.S.v. § 113 V S. 1 VwGO.[86]

(2) Entscheidungsvorgang

ordnungsgemäßer Entscheidungsvorgang

Der Verwaltungsakt kann aber auch rechtswidrig sein, obwohl das Ergebnis an sich nach dem bisher Gesagten nicht zu beanstanden ist. Das Besondere am Ermessen ist, dass nicht nur das Ergebnis, sondern auch der Entscheidungsvorgang fehlerfrei sein muss. Die Behörde ist unabhängig vom Ergebnis **zu einem ordnungsgemäßen Entscheidungsvorgang verpflichtet**. 206

Ermessensnichtgebrauch

Dies bedeutet zunächst, dass die Behörde sich überhaupt darüber bewusst sein muss, dass das Gesetz ihr eine Ermessensentscheidung einräumt. 207

Trifft die Behörde eine Maßnahme, weil sie sich dazu verpflichtet fühlt, ohne sich über Alternativen im Klaren zu sein, so fehlt es völlig an der erforderlichen Ermessensausübung. **Beinhaltet das Gesetz Ermessen, so muss die Behörde dieses ausüben**, wenn nicht ausnahmsweise eine Ermessensreduktion auf Null vorliegt.

[86] Dazu u. Rn. 297 ff.; vgl. hierzu auch BVerwG, NVwZ 2008, 1024 = **Life&Law 2008, 753**.

Andernfalls liegt ein **Ermessensnichtgebrauch** vor (auch Ermessensausfall genannt), und der Verwaltungsakt ist rechtswidrig.

keine sachfremden Erwägungen

Zudem muss die Behörde ihr Ermessen dem Zweck der gesetzlichen Vorschrift entsprechend ausüben (vgl. § 40 VwVfG, § 114 S. 1 Alt. 2 VwGO). Hierzu darf sie bei ihrer Entscheidung nur solche **Erwägungen** berücksichtigen, die dem gesetzlichen Zweck entsprechen, und muss alle anderen außer Acht lassen. 208

Lässt sie sich von anderen, insbesondere sachfremden Aspekten leiten, so liegt ein **Ermessensfehlgebrauch** vor und der Verwaltungsakt ist rechtswidrig. Hier kann weiter unterschieden werden zwischen einem **Ermessensdefizit**, wenn die Behörde sachgerechte Kriterien nicht herangezogen hat, und der **Ermessensdisproportionalität**, bei der die Behörde die maßgeblichen Kriterien unvertretbar gewichtet hat.

hemmer-Methode: Die klausurmäßige Darstellung dieses Problems finden Sie bei Fall 19 in Hemmer/Wüst „Die 44 wichtigsten Fälle zum Verwaltungsrecht".

Bedeutung der Begründung des Verwaltungsakts

Welche Erwägungen die Behörde angestellt hat, ist insbesondere der **Begründung** des Verwaltungsakts zu entnehmen.[87] 209

Zumeist werden Ermessensverwaltungsakte eingehender begründet sein, denn die Behörde ist gem. § 39 I S. 3 VwVfG verpflichtet, insbesondere die Gründe für die Ermessensausübung anzugeben.

Für diese Frage können ferner in den Behördenakten vorhandene Aufzeichnungen wie z.B. Aktenvermerke herangezogen werden.[88] Die von der Behörde herangezogenen Gründe müssen allerdings objektiv nachprüfbar und dokumentiert sein. Keinesfalls kann es ausreichen, dass der zuständige Sachbearbeiter später mündlich schildert, was er sich „eigentlich" bei Erlass des Verwaltungsakts gedacht hat.

Da die Begründung des Verwaltungsakts aber in jedem Fall vorrangig ist, hat das Fehlen einer substantiellen Begründung bei Ermessensverwaltungsakten nicht nur einen **formellen** Verstoß gegen § 39 VwVfG zur Folge, sondern auch die **materielle** Rechtswidrigkeit wegen Ermessensfehlern.[89]

---

87 Kopp/Schenke, § 114 VwGO, Rn. 11.
88 Kopp/Schenke, § 113 VwGO, Rn. 11.
89 Kopp/Schenke, § 114 VwGO, Rn. 48.

Problem: Nachschieben von Gründen

Soweit die ursprüngliche Begründung der Behörde ermessensfehlerhaft i.S.d. § 114 S. 1 VwGO ist, stellt sich die Frage, wieweit die Behörde ihre Ermessenserwägungen noch nachträglich ändern bzw. ergänzen kann.

Die grundsätzliche Zulässigkeit eines solchen Nachschiebens von Gründen lässt sich mit dem **Untersuchungsgrundsatz** begründen, § 86 I VwGO. Danach hat das Gericht schon von Amts wegen alle entscheidungserheblichen tatsächlichen und rechtlichen Gesichtspunkte aufzuklären. Es muss also ohnehin von sich aus prüfen, ob sich der VA auch auf andere als von der Behörde vorgetragene Gründe stützen lässt. Insoweit trägt die Behörde durch das Nachschieben nur zur Rechtsfindung bei. Auch **verfahrensökonomische** Gründe sprechen für die Zulässigkeit. Durch die Nichtbeachtung der nachgeschobenen Gründe würde der Rechtsstreit nur vertagt, weil die Verwaltung nicht gehindert wäre, einen VA mit gleicher Begründung zu erlassen.

§ 114 S. 2 VwGO regelt demgegenüber nicht die materiell-rechtliche Frage der Zulässigkeit des Nachschiebens von Gründen, sondern nur die prozessuale Frage der Geltendmachung im Prozess. Nach dieser Vorschrift hat die Behörde zudem die Möglichkeit, noch im verwaltungsgerichtlichen Verfahren ihre Ermessenserwägungen zu **ergänzen**.

Dies bedeutet nicht, dass die Behörde jede, bisher ermessensfehlerhafte Entscheidung noch rechtmäßig machen könnte, indem sie nur den richtigen Vortrag bringt. 210

Vielmehr müssen für eine Anwendung des § 114 S. 2 VwGO bereits Ermessenserwägungen **vorhanden** sein, die **lediglich unvollständig** sind, sodass sie noch ergänzt werden können. 211

§ 114 S. 2 VwGO ist nicht anwendbar, wenn[90]

- ⇨ bisher überhaupt **keine Ermessenserwägungen** vorhanden sind,
- ⇨ das Ermessen überhaupt nicht ausgeübt wurde (**Ermessensausfall**) oder
- ⇨ **wesentliche** Teile der Ermessenserwägungen ausgetauscht oder erst nachträglich gebracht werden.

---

[90] Kopp/Schenke, § 114 VwGO, Rn. 50.

EXKURS

behördlicherseits angeführte Gründe

Welche Gründe die Behörde bei Erlass des Verwaltungsakts oder zu einem späteren Zeitpunkt anführt, spielt für die materielle Rechtmäßigkeit grundsätzlich keine Rolle. 212

hemmer-Methode: Für das formelle Erfordernis „Begründung" gem. § 39 I VwVfG ist nur erforderlich, dass die Behörde irgendwelche Gründe angibt.

allein maßgeblich: objektive Sach- und Rechtslage

Die Behörde kann sowohl die tatsächliche als auch die rechtliche Lage unrichtig einschätzen. Beides ist für die Frage, ob der Verwaltungsakt rechtmäßig oder rechtswidrig ist, grundsätzlich ohne Belang.[91] Denn die Rechtmäßigkeit oder Rechtswidrigkeit ist aufgrund der **objektiven Sach- und Rechtslage** zu beurteilen. 213

Hierfür allerdings sind die Vorstellungen der Behörde grundsätzlich unbeachtlich.

Dann kann auch ein „Nachschieben von Gründen" durch die Behörde keine Rolle spielen. Insbesondere ist ohne Bedeutung, ob die von der Behörde angeführte Rechtsgrundlage wirklich eingreift.[92]

anders bei Ermessensentscheidungen, da Entscheidungsvorgang!

Anders ist dies ausschließlich bei **Ermessensentscheidungen**, da sich diese mit dem Entscheidungsvorgang auf die Vorstellungen der Behörde beziehen. 214

Die Ermessenserwägungen, die fehlerfrei sein müssen, sind rein subjektiv.

hemmer-Methode: Das Problemfeld „Nachschieben von Gründen" ist bei gebundener Verwaltung im Wesentlichen nur beachtlich, wenn die von der Behörde getroffene Regelung auf einen anderen Sachverhalt gestützt wird als zunächst angegeben.[93] Beispiel: Die Gemeinde fordert eine Geldleistung für die Müllabfuhr, später stützt sie dann diesen Leistungsbescheid auf die Wasserversorgung.

EXKURS ENDE

[91] Hinsichtlich der tatsächlichen Lage ist allerdings § 24 VwVfG zu beachten: Betreibt die Behörde keine ausreichende Sachverhaltsaufklärung, so verstößt dies gegen § 24 VwVfG, sodass der Verwaltungsakt verfahrensfehlerhaft ist. Allerdings kann die Behörde trotz ausreichender Amtsermittlung über Tatsachen irren.

[92] Kopp/Schenke, § 113 VwGO, Rn. 67.

[93] Kopp/Schenke, § 113 VwGO, Rn. 65.

Ermessensfehler

Zusammenfassend sind als **Ermessensfehler** zu unterscheiden: 215

⇨ Ermessensüberschreitung, § 114 S. 1 Alt. 1 VwGO

⇨ Ermessensausfall

⇨ Ermessensfehlgebrauch, § 114 S. 1 Alt. 2 VwGO

c) Ermächtigung zur Aufhebung eines VA gem. §§ 48, 49 VwVfG

Aufhebung von VA

Nach §§ 48, 49 VwVfG hat die Behörde die Möglichkeit, unter den dort genannten Voraussetzungen einen VA unabhängig von einem dagegen gerichteten Rechtsbehelf „wieder aus der Welt zu schaffen“. 216

Dabei sieht das Gesetz zwei Differenzierungen vor, die aufgrund der unterschiedlichen Schutzwürdigkeit des Bürgers und des öffentlichen Interesses erforderlich sind:

⇨ Handelt es sich um die Rücknahme eines rechtswidrigen (§ 48 VwVfG) oder um den Widerruf eines rechtmäßigen (§ 49 VwVfG) Verwaltungsakts?

⇨ Handelt es sich um einen begünstigenden oder einen belastenden VA?

nicht problematisch: belastende VAe

Wie sich aus §§ 48 I, 49 I VwVfG (zumindest mittelbar) ergibt, können belastende VAe regelmäßig unproblematisch zurückgenommen bzw. widerrufen werden. Schwierigkeiten ergeben sich dagegen bei begünstigenden VAen. 217

hemmer-Methode: In einer Klausur i.R.d. Studiums werden Sie nur in den seltensten Fällen einmal aus Sicht einer Behörde darüber zu entscheiden haben, ob Sie möglicherweise einen (nicht angegriffenen) VA nach §§ 48, 49 VwVfG zurücknehmen bzw. widerrufen.
Regelmäßig werden Ihnen auch diese Vorschriften gewissermaßen als Einstieg in die Anfechtungsklage begegnen. Getreu dem bei Aufgabenerstellern beliebten Motto „ein Problem mehr“ kann so die typische Anfechtungskonstellation um ein zusätzliches Problem (und damit die weitere Möglichkeit zur Notendifferenzierung) „verlängert“ werden, indem nicht die Anfechtung oder Verpflichtung hinsichtlich des ursprünglich ergangenen VAs, sondern die Aufhebung seines Widerrufs Klausurgegenstand ist. So können die mit dem Ausgangs-VA verbundenen Probleme mit denen der §§ 48, 49 VwVfG verbunden werden.

Begünstigung ⇔ Belastung

Dabei wird die Frage, ob es sich bei dem ursprünglichen VA um einen begünstigenden oder einen belastenden VA handelt, selten ein Problem darstellen. Ein belastender VA kann jederzeit und ohne Einschränkungen zurückgenommen werden, bietet also keine klausurrelevanten Probleme. Daher wird es sich im Ergebnis nahezu immer um einen begünstigenden VA handeln. 218

Begünstigung oder Belastung sind im Zweifel aus den subjektiven Vorstellungen des Betroffenen abzuleiten, wenn sie der Behörde bekannt oder zumindest erkennbar sind. 219

> ***Bsp.:*** *So konnte z.B. die – für viele sicher begrüßenswert erscheinende – Ausmusterung einen belastenden VA darstellen, wenn der Bewerber den Berufswunsch „Berufssoldat“ angegeben hat.*

Problem: Abschließende Belastung als Begünstigung

Abgrenzungsprobleme sind ferner vorstellbar, wenn ein VA zwar eine Belastung enthält, eine gleichartige, aber weniger weitgehende Belastung aber bereits in einem vorherigen VA gelegen hat. 220

> ***Bsp.:*** *Erlass eines Gebührenbescheides und späterer Erlass durch einen korrigierten, nunmehr höher festgesetzten Gebührenbescheid.*
>
> Hier lässt sich zum einen argumentieren, dass der ursprüngliche Gebührenbescheid als belastender VA unproblematisch zurückgenommen (und daher dann auch ein neuer Bescheid erlassen) werden kann. Andererseits ließe sich aber auch argumentieren, dass der erste Bescheid zumindest im Verhältnis zum zweiten als Begünstigung wirkt bzw. dass eine Begünstigung in einem Gebührenbescheid zumindest darin zu sehen ist, dass er auch gleichzeitig die Höchstgrenze der festgesetzten Gebühr zum Ausdruck bringt.
>
> Mit diesem Argument müsste man die Aufhebung des ersten, niedriger gefassten Bescheides den strengeren Anforderungen für die Aufhebung von begünstigenden VAen unterstellen.

aa) Prüfungsreihenfolge

Klausuraufbau

Aus den §§ 48, 49 VwVfG ergibt sich für die Klausur regelmäßig folgendes Schema für ein sinnvolles Vorgehen: 221

(1) Zunächst ist festzustellen, dass ein VA von der Behörde aufgehoben wurde und dass es sich dabei um einen begünstigenden VA handelte. 222

leges speciales

(2) Sodann ist die Frage zu klären, welchem Gesetz die Rechtsgrundlage für die Aufhebung zu entnehmen ist. Im VwVfG sind dies die §§ 48 und 49 VwVfG; allerdings ist wegen der aus § 1 I VwVfG folgenden grundsätzlichen Subsidiarität des VwVfG zunächst nach Spezialregelungen in anderen Gesetzen zu suchen. 223

> ***Bsp.:*** *Relevant ist hier z.B. § 15 I GaststättenG. Dieser ist eine Spezialregelung zu § 48 VwVfG, allerdings ohne eine gänzliche Verdrängungswirkung, da nur der Sonderfall der Pflicht zur Rücknahme bei einem von Anfang an unzuverlässigen Gastwirt geregelt wird. Ein weitergehendes Rücknahmerecht der Behörde richtet sich nach § 48 VwVfG. Die § 15 II, III GaststättenG sowie § 21 BImSchG verdrängen dagegen § 49 VwVfG vollständig.*

Besteht eine solche spezialgesetzliche Regelung nicht, können die §§ 48, 49 VwVfG weiter geprüft werden.

hemmer-Methode: Zumindest in Klausuren vor dem Ersten Staatsexamen dürfte auf solche Sonderregelungen in irgendeiner Art und Weise im Sachverhalt hingewiesen werden, da regelmäßig nicht verlangt werden kann, dass Sie ohne einen Hinweis all diese Sondervorschriften in den zahlreichen Gesetzen kennen oder auch nur finden können. Eine Ausnahme könnte dabei freilich insbesondere der o.g. und in diesem Zusammenhang oft zitierte § 15 GaststättenG sein.
Auch ohne einen entsprechenden Hinweis sollten Sie aber – wenn Sie dazu irgendwie in der Klausur Zeit finden – das jeweils einschlägige Gesetz zumindest im Inhaltsverzeichnis kurz daraufhin überfliegen, ob Sondervorschriften für Rücknahme und Widerruf bestehen.

(3) Anschließend erfolgt die „vor die Klammer gezogene" Feststellung, ob der ursprüngliche VA rechtmäßig – dann § 49 VwVfG – oder rechtswidrig – dann § 48 VwVfG – war. Darin kann bereits ein Hauptproblem der Klausur liegen. 224

hemmer-Methode: Auf diese Art und Weise lässt sich die klassische Prüfung der Rechtmäßigkeit von VAen (wie sie auch hier i.R.d. Anfechtungsklage erfolgt) in ein etwas ungewohnteres „Gewand" kleiden, nämlich inzident i.R.d. Prüfung der richtigen Rechtsgrundlage für die Aufhebung.

maßgeblicher Zeitpunkt

Für die Beurteilung der Rechtmäßigkeit kommt es grds. nur auf den Zeitpunkt des Erlasses des VAs an. Später eintretende Rechtsänderungen sind insoweit unbeachtlich, was sich aus einem Umkehrschluss aus § 49 II Nr. 3 u. 4 VwVfG ergibt.[94] 225

---

[94] Vertiefend hierzu BVerwG, NVwZ 2008, 437 = **Life&Law 2008, 553**.

hemmer-Methode: Die Aufhebung eines Verwaltungsakts in der Klausur ist dargestellt bei Fall 20 in „Die 44 wichtigsten Fälle zum Verwaltungsrecht“ von Hemmer/Wüst.

bb) Rechtsgrundlage zur Aufhebung rechtswidriger Verwaltungsakte, § 48 VwVfG

VA i.S.d. § 48 II VwVfG

War der ursprüngliche VA rechtswidrig, ist die Vorschrift des § 48 VwVfG zu prüfen. Dabei ist zunächst zu unterscheiden, ob es sich bei dem zurückzunehmenden VA um einen Leistungsbescheid i.S.d. § 48 II VwVfG oder um einen sonstigen VA, der eine unteilbare Sachleistung gem. § 48 III VwVfG gewährt, handelt. 226

§ 48 II VwVfG ⇨ keine Rücknahme bei schutzwürdigem Vertrauen

(1) Bei Bescheiden nach § 48 II VwVfG, die eine „einmalige oder laufende oder eine teilbare Sachleistung“ gewähren, gilt der Grundsatz, dass die Leistung zu belassen ist, wenn subjektives und objektives Vertrauen vorliegen. Hier gibt das Gesetz für einige typische Fälle vor, unter welchen Voraussetzungen ein solches Vertrauen zu bejahen ist: 227

⇨ So spricht für ein schutzwürdiges Vertrauen, wenn der Begünstigte die „gewährte Leistung verbraucht oder eine Vermögensdisposition getroffen hat, die er nicht mehr oder nur unter unzumutbaren Nachteilen rückgängig machen kann“, vgl. § 48 II S. 2 VwVfG. 228

⇨ Dagegen regelt § 48 II S. 3 VwVfG Fälle, in denen sich der Betroffene auf ein schutzwürdiges Vertrauen nicht berufen kann; dies ist der Fall, wenn er 229

- den VA durch arglistige Täuschung, Drohung oder Bestechung erwirkt hat, Nr. 1,
- den VA durch Angaben erwirkt hat, die in wesentlicher Beziehung unrichtig oder unvollständig waren (wobei darauf zu achten ist, dass in diesen Fällen nach h.M. ein Verschulden der Unrichtigkeit grds. nicht erforderlich ist und es nur auf die objektive Sachlage ankommt), Nr. 2,
- die Rechtswidrigkeit des VA kannte oder infolge grober Fahrlässigkeit nicht kannte, Nr. 3.

hemmer-Methode: Ohne das Problem in diesem Skript für Einsteiger bereits zu vertiefen, soll dennoch auf eine Konstellation hingewiesen werden, die sich als Einfallstor für das Europarecht in eine normale verwaltungsrechtliche Klausur anbietet (und mittlerweile auch zu einem Klassiker in diesem Bereich geworden ist).

Es handelt sich hier um die Rücknahme von Subventionsbescheiden, die gegen europäisches Unionsrecht verstoßen. In solchen Fällen soll nach mittlerweile h.M. (und insbesondere der Rspr. des EuGH) auch über die Voraussetzungen des § 48 II S. 3 VwVfG hinaus grds. von einem gesteigerten öffentlichen Rücknahmeinteresse auszugehen sein.
Dies ergibt sich daraus, dass bei Verstößen gegen nationales Recht nur fiskalische Interessen berührt sind, während bei Verstößen gegen EU-Recht auch das Interesse an der Durchsetzung der unionsrechtlichen Wettbewerbsordnung gefährdet ist, vgl. Art. 107 f. AEUV. Auch i.R.d. Ermessensausübung bei § 48 VwVfG (vgl. dazu nachfolgend) ist der Vorrang des Europarechts dahingehend zu beachten, dass sogar eine Ermessensreduzierung auf Null der Normalfall ist.

§ 48 III VwVfG ⇨ Rücknahme grds. möglich

(2) Liegt dagegen kein VA i.S.d. § 48 II VwVfG vor, so gilt nach § 48 III VwVfG, dass der VA grds. ohne Einschränkung zurückgenommen werden darf. Hierbei ist jedoch immer noch ein Ermessen auszuüben und das enttäuschte Vertrauen des Betroffenen zu entschädigen. 230

aber: Vertrauensschutz über Vermögensschutz durch Bestandsschutz

Nur dann, wenn über diese Entschädigung kein ausreichender Ausgleich des enttäuschten Vertrauens erreicht werden kann, muss der VA notfalls über die Ermessensentscheidung des § 48 I S. 1 VwVfG belassen werden.

Rücknahmefrist

(3) Als weitere Voraussetzung muss die Ausschlussfrist des § 48 IV VwVfG von der Behörde gewahrt worden sein: 231

Nach § 48 IV VwVfG ist die Rücknahme „nur innerhalb eines Jahres seit dem Zeitpunkt“ zulässig, seit dem „die Behörde von Tatsachen (...), welche die Rücknahme eines rechtswidrigen VA rechtfertigen“, Kenntnis erhalten hat. Der Rücknahmebescheid muss dem Bürger vor Fristablauf zugehen bzw. nach anderer Ansicht zumindest innerhalb dieser Zeit den Herrschaftsbereich der Behörde verlassen haben.

Begriff der Kenntnis

Fraglich und umstritten ist, was unter „Kenntnisnahme“ i.S.d. § 48 IV VwVfG zu verstehen ist. Die wohl überwiegende Ansicht geht davon aus, dass der Lauf der Frist bei positiver Kenntnis der Behörde von allen für die Rücknahme maßgeblichen Tatsachen und auch von der Rechtswidrigkeit des VA beginnt; fahrlässige Unkenntnis genügt also nicht. 232

hemmer-Methode: Der Kenntnis von Tatsachen wird allerdings die Erkenntnis gleichgestellt, dass für den VA maßgebliche Tatsachen unzulänglich berücksichtigt oder rechtlich falsch gewürdigt wurden.

Dass dabei auch die Rechtswidrigkeit des VA eine Tatsache i.S.d. § 48 IV VwVfG ist, ergibt sich aus folgender Überlegung: In § 48 IV S. 2 VwVfG ist ausdrücklich eine Ausnahme vom Erfordernis der fristgerechten Rücknahme für die Fälle des § 48 II S. 3 Nr. 1 VwVfG vorgesehen, also für die Erwirkung durch unlautere Mittel. Dabei ist zumindest bei der Drohung und Bestechung davon auszugehen, dass von der Behörde (bzw. dem jeweiligen Sachbearbeiter) bewusst und gewollt ein rechtswidriger VA erlassen wurde, ohne dass Fehler auf der Tatsachenbasis vorliegen. Vielmehr handelt es sich um einen reinen Rechtsanwendungsfehler. 233

Wären diese Fehler aber keine Tatsachen i.S.d. § 48 IV S. 1 VwVfG, so hätte es einer speziellen Regelung in Satz 2 der Vorschrift gar nicht bedurft, da dann von vornherein gar keine Frist laufen würde.

Kenntnis aller die Rücknahme rechtfertigenden Tatsachen

Allerdings ergibt sich der Fristbeginn noch nicht zwangsläufig allein aus der Kenntnis der Rechtswidrigkeit und erst Recht nicht der Kenntnis der die Rechtswidrigkeit begründenden Tatsachen. Vielmehr muss die Behörde alle, die Rücknahme rechtfertigenden Tatsachen kennen, also insbesondere auch die Tatsachen, die einen Ausschluss des Vertrauensschutzes bewirken können sowie alle Kriterien, die für eine fehlerfreie Ausübung des Rücknahmeermessens (vgl. dazu unten) erforderlich sind. Gegebenenfalls muss die Behörde dazu weitere Ermittlungen anstellen. 234

Entscheidungsfrist

Daher beginnt die Frist erst, wenn diese Tatsachenbasis vollständig ermittelt wurde, oder aber von dem Zeitpunkt an, ab dem nach objektiver Betrachtung keine Notwendigkeit für weitere Aufklärung mehr besteht. Es handelt sich also bei der Jahresfrist um eine reine Entscheidungs-, nicht um eine Bearbeitungs- und/oder Ermittlungsfrist. 235

zuständiger Beamter maßgeblich

Abzustellen ist nicht auf die Kenntnis „der Behörde“ als solcher, sondern auf die Kenntnis des Amtsträgers, der für die Entscheidung oder ihre rechtliche Überprüfung zuständig ist. 236

Die Frist des § 48 IV VwVfG kann weder verlängert werden, noch gibt es eine Wiedereinsetzung in den vorigen Stand.

Rücknahmeermessen

(4) Schließlich ist zu fragen, ob die Behörde ihr Rücknahmeermessen (... kann zurücknehmen ...) ordnungsgemäß ausgeübt hat (Zur Überprüfung von Ermessensentscheidungen vgl. auch Rn. 201 ff.). Aus der festgestellten Rechtswidrigkeit folgt also nicht zwingend auch eine Rücknahmeverpflichtung. 237

Liegt allerdings kein schutzwürdiges Vertrauen auf den Fortbestand des VA nach § 48 II VwVfG vor, intendiert dies in aller Regel eine Ermessensausübung für eine Rücknahmeentscheidung.[95]

Interessenabwägung

Bei dieser Prüfung ist zwischen den Folgen der Rücknahme für den Betroffenen und dem öffentlichen Interesse am rechtmäßigen Verwaltungshandeln abzuwägen. 238

Diese Abwägung greift nach h.M. auch im Fall des § 48 III VwVfG ein, der zwar von einer grundsätzlichen Rücknehmbarkeit bei gleichzeitiger Entschädigungspflicht ausgeht. Dennoch darf hier ermessensfehlerfrei dann keine Rücknahme erfolgen, wenn entweder das schützenswerte Vertrauen durch die Entschädigung nicht ausreichend ausgeglichen werden kann (vgl. dazu auch schon oben) oder sonstige Gründe gegen eine Rücknahme sprechen. Hierbei kann durchaus auch in das Ermessen eingestellt werden, dass die Entschädigung auch die öffentlichen Finanzen belastet. Dies gilt umso mehr, wenn die nachteiligen Auswirkungen des rechtswidrigen VA nur ganz geringfügig sind.

hemmer-Methode: Die Anwendung des § 48 VwVfG für die Rücknahme rechtswidriger Verwaltungsakte finden Sie bei Fall 21 in „Die 44 wichtigsten Fälle zum Verwaltungsrecht“ von Hemmer/Wüst.

cc) Rechtsgrundlage zur Aufhebung rechtmäßiger Verwaltungsakte, § 49 VwVfG

rechtmäßiger VA ⇨ § 49 VwVfG

(1) Liegt dagegen ein rechtmäßiger VA vor, so kann er nur nach § 49 VwVfG widerrufen werden. Dabei ist wiederum der Widerruf eines belastenden VA ohne weitere Voraussetzung möglich. Bei einem begünstigenden rechtmäßigen VA sind die Voraussetzungen des § 49 II VwVfG zu prüfen. Diese sind im Vergleich zu § 48 VwVfG noch einmal enger gefasst, da sowohl der Vertrauensschutz des Bürgers als auch das Interesse an der Aufrechterhaltung eigentlich rechtmäßiger Verwaltungsentscheidungen gegen eine Aufhebung des VA streiten. 239

Widerruf für Vergangenheit

(2) Nach § 49 III VwVfG ist der Widerruf eines VA auch mit Wirkung für die Vergangenheit möglich. Dabei tritt § 49 III VwVfG neben § 49 II VwVfG und schließt dessen Anwendung nicht aus. 240

[95] Vgl. BayVGH, Urteil vom 10.12.2015, 4 B 15.1831.

Das bedeutet, dass bei einem VA, der eine verwendungsgebundene Leistung gewährt und damit grds. von § 49 III VwVfG erfasst wird, auch geprüft werden kann, ob eine der Widerrufsmöglichkeiten des § 49 II VwVfG gegeben ist. Da dieser Widerruf allerdings nur für die Zukunft wirkt und damit weniger weit geht, erscheint dies nur sinnvoll, wenn vorher § 49 III VwVfG geprüft und tatbestandlich verneint wurde.

§ 49 III VwVfG erfasst alle VAe, die eine einmalige oder laufende Geldleistung oder eine teilbare Sachleistung zur Erfüllung eines bestimmten Zwecks gewähren oder hierfür Voraussetzung sind. *241*

Maßgeblich ist somit die aus dem VA zu entnehmende Zweckbindung der staatlichen Leistung.

hemmer-Methode: Ein Beispielsfall zum Widerruf nach § 49 VwVfG ist Fall 22 in „Die 44 wichtigsten Fälle zum Verwaltungsrecht" von Hemmer/Wüst.

dd) Rechtsfolge der Aufhebung, § 49a VwVfG

Rücknahme, Widerruf ⇨ Erstattung nach § 49a VwVfG

§ 49a VwVfG regelt die Erstattung von Geldleistungen, die auf einem zurückgenommenen oder widerrufenen VA beruht haben sowie die Frage der Verzinsung. Der vom Bürger zu erstattende Betrag ist nach § 49a I S. 2 VwVfG durch schriftlichen Verwaltungsakt festzusetzen. *242*

hemmer-Methode: Klagt der Betroffene gegen die Rücknahme des Verwaltungsakts und die Rückforderung des Geldbetrages, liegen damit zwei Verwaltungsakte und somit auch zwei Anfechtungsklagen vor!

ee) Erleichterte Aufhebung, § 50 VwVfG

§ 50 VwVfG ⇨ erleichterte Aufhebung

Im Zusammenhang mit §§ 48, 49 VwVfG ist außerdem die Vorschrift des § 50 VwVfG zu beachten. Danach sind Rücknahme und Widerruf eines VA unter erleichterten Bedingungen möglich, wenn dieser von einem Dritten angefochten wurde und während des Widerspruchs- oder des gerichtlichen Verfahrens aufgehoben wird. *243*

Führt diese Aufhebung dazu, dass dem Widerspruch oder der Klage abgeholfen wird, so sind insbesondere die Einschränkungen der §§ 48 II - IV, 49 II - IV VwVfG nicht anwendbar.

Dies rechtfertigt sich daraus, dass es kein Vertrauen in den Bestand eines VA geben kann, wenn bzw. solange der Empfänger damit rechnen muss, dass dieser in einem Rechtsbehelfsverfahren aufgehoben werden kann.

Umgekehrt sollen die erleichterten Aufhebungsvoraussetzungen der Behörde dann nicht zugutekommen, wenn ein Erfolg im Widerspruchs- bzw. Klageverfahren von vornherein völlig ausgeschlossen erscheint. Daher soll nach überwiegender Ansicht § 50 VwVfG nur dann Anwendung finden, wenn das Rechtsmittel des Dritten zumindest zulässig ist. 244

hemmer-Methode: Hieraus ergibt sich dann wieder die Möglichkeit einer Inzidentprüfung und damit einer weiteren, eine Notendifferenzierung ermöglichenden Verschachtelung.

ff) Zusammenfassung

Zusammenfassung

Der Prüfungsablauf für die materielle Rechtmäßigkeit einer Aufhebung eines VA nach §§ 48, 49 VwVfG lässt sich wie folgt darstellen: 245

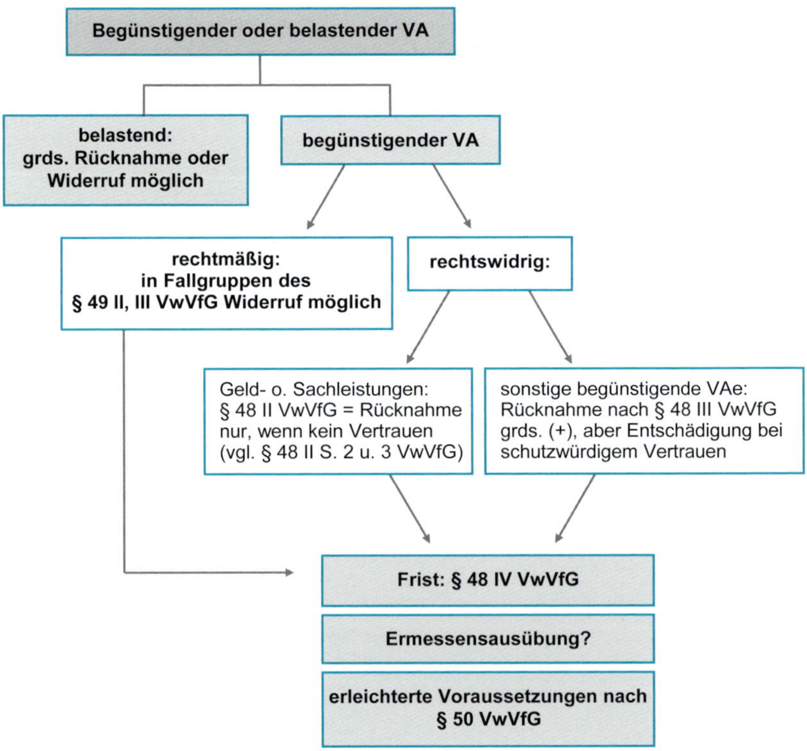

d) Zeitpunkt der Beurteilung der Rechtmäßigkeit

Wenn sich zwischen Erlass des VA und der Entscheidung des Gerichts die Sach- oder Rechtslage ändert, so kann es für die Begründetheit der Anfechtungsklage von Bedeutung sein, ob die Verhältnisse zum Zeitpunkt des Behördenhandelns oder aber der Gerichtsentscheidung für die rechtliche Beurteilung ausschlaggebend sind. 246

maßgeblich Zeitpunkt der letzten Behördenentscheidung

Da der Bürger mit der Anfechtungsklage nicht erreichen möchte, dass er in Zukunft eine Begünstigung in Form eines bestimmten VA erhält (dies ist die Situation der Verpflichtungsklage, vgl. dazu Rn. 266 ff.), sondern die Rechtswidrigkeit eines bereits erlassenen VA behauptet, kommt es für die Beurteilung i.R.d. Anfechtungsklage grds. auf den Zeitpunkt der letzten Behördenentscheidung, also den Erlass des VA bzw. – da regelmäßig ein Widerspruchsverfahren stattfinden muss, vgl. §§ 68 ff. VwGO – auf den Erlass des Widerspruchsbescheides an, vgl. auch § 79 I Nr. 1 VwGO. 247

spätere Änderungen unbeachtlich

Danach eingetretene tatsächliche oder rechtliche Änderungen sind i.R.d. Begründetheit **grds. nicht mehr zu berücksichtigen**. Allerdings gilt dies nicht als feststehender prozessrechtlicher Grundsatz. 248

materielles Recht maßgeblich

Vielmehr legt die h.M. Wert auf die Feststellung, dass sich der maßgebliche Zeitpunkt immer nur aus dem materiellen Recht ergibt. Mit anderen Worten: Ob eine Änderung der Rechtslage im konkreten Einzelfall zu berücksichtigen ist, hängt vom Regelungsbereich des angefochtenen VA ab. Freilich ergibt sich aus der oben genannten Konstellation bei der Anfechtungsklage, dass auch das materielle Recht meistens zur Maßgeblichkeit des Zeitpunktes der letzten Behördenentscheidung führt. 249

Dauerverwaltungsakte

Davon gibt es aber Ausnahmen, unter denen insbesondere die Figur der sog. „**Dauerverwaltungsakte**" von Bedeutung ist: Dauer-VA sind solche, die sich nicht in einem einmaligen Gebot oder Verbot erschöpfen, sondern einen bestimmten Sachverhalt auf Dauer in die Zukunft reichend regeln. 250

Hier erschiene es unbillig und sogar widersinnig, diese Regelung durch Abweisung der Anfechtungsklage gerade zu einem Zeitpunkt beginnen zu lassen, an dem sich die Rechtslage dahingehend geändert hat, dass die Regelung mit ihr nicht mehr vereinbar ist.[96]

---

[96] Vgl. für den Dauerverwaltungsakt Verkehrszeichen BayVGH, Urteil vom 03.07.2015 – 11 B 14.2809 = Life&Law 02/2016 = **juris**byhemmer.

hemmer-Methode: Allerdings ist auch hier immer auf die Umstände des Einzelfalls zu achten! So wäre es z.B. denkbar, dass ein Nachbar eine Baugenehmigung anficht, welche zum Zeitpunkt ihres Erlasses rechtmäßig, durch eine Änderung des Bebauungsplanes zum Zeitpunkt der letzten mündlichen Verhandlung aber tatsächlich rechtswidrig ist. Hier ergibt sich aus Art. 14 GG, dass das zu irgendeinem Zeitpunkt rechtmäßige Vorhaben „Bestandsschutz" genießt, auch wenn es nach einer Änderung der Rechtslage nicht erneut genehmigt werden dürfte. Einfachgesetzlich hat dies in § 14 III BauGB Niederschlag gefunden, dem der Rechtsgedanke zu entnehmen ist, dass Änderungen der Rechtslage nach Erteilung der Baugenehmigung diese nicht mehr berühren. Die Anfechtungsklage wäre in einem solchen Fall unbegründet.
Ein anderes Beispiel trifft die schon mehrfach erwähnte Vorschrift des § 35 GewO: Auch die Untersagung eines Gewerbes ist ein Dauer-VA, sodass die Anfechtungsklage eines Gewerbetreibenden, der zum Erlasszeitpunkt zu Recht als „unzuverlässig" betrachtet wurde, mittlerweile aber zuverlässig geworden ist, begründet sein müsste. Allerdings bestimmt § 35 VI GewO, dass die Wiedergestattung des Gewerbes in einem solchen Fall von einem Antrag an die zuständige Behörde abhängig ist. Damit wird eine besondere Verfahrenskonstellation spezieller geregelt, als durch die allgemein geltenden Grundsätze über Dauer-VAe. Daher hat das Gericht die Gewerbeuntersagung nur auf ihre Rechtmäßigkeit im Zeitpunkt der letzten Behördenentscheidung hin zu überprüfen.

II. Rechtsverletzung des Klägers

Individualrechtsschutz

Die Anfechtungsklage ist – wie auch das Erfordernis der Klagebefugnis nach § 42 II VwGO zeigt – keine rein objektive Rechtmäßigkeitskontrolle, sondern ein Fall des Individualrechtsschutzes. Demgemäß bestimmt – wie man bereits im Obersatz zum Ausdruck bringen sollte – § 113 I S. 1 VwGO, dass das Verwaltungsgericht den VA nur aufhebt, wenn „der Kläger dadurch in seinen Rechten verletzt ist". Wurde bislang also i.R.d. Begründetheit nur die objektive Rechtmäßigkeit oder Rechtswidrigkeit des VA geprüft, so muss abschließend noch festgestellt werden, ob im Falle einer Rechtswidrigkeit diese gerade auch den Kläger in eigenen Rechten verletzt. 251

Adressat eines belastenden VA

Bei einer Klage des Adressaten ist der Prüfungspunkt der „Rechtsverletzung des Klägers" grds. unproblematisch. Es genügt hier die Feststellung, dass der Kläger durch den rechtswidrigen VA in seinen spezialgesetzlichen Rechten, zumindest aber in seinem Grundrecht auf allgemeine Handlungsfreiheit aus Art. 2 I GG verletzt ist. 252

hemmer-Methode: Damit handelt es sich letztlich um die Wiederholung der Ausführungen in der Klagebefugnis. Wenn irgendwie möglich, sollten Sie aber auch bei der Rechtsverletzung des Klägers nicht auf den subsidiären Auffangtatbestand des Art. 2 I GG, sondern auf spezialgesetzliche Rechte bzw. auf spezielle Grundrechte (z.B. Art. 5 I, 8 I, 12 I GG) zurückgreifen.

Problem bei nur formell rechtswidrigem VA

Ist der VA allerdings „nur" formell rechtswidrig, so muss man in der Klausur an eine mögliche Unbeachtlichkeit des Fehlers nach § 46 VwVfG oder auch die Möglichkeit der Umdeutung des VA gem. § 47 VwVfG denken. 253

hemmer-Methode: Unterscheiden Sie davon die Heilungsmöglichkeit des § 45 VwVfG! Wie oben bereits näher dargestellt, ist diese nicht erst bei der Rechtsverletzung des Klägers, sondern bereits bei der Frage der (formellen) Rechtmäßigkeit zu behandeln, da durch die Heilung der VA rechtmäßig wird. In den Fällen der §§ 46, 47 VwVfG dagegen bleibt der VA rechtswidrig; jedoch führt diese Rechtswidrigkeit hier ausnahmsweise nicht zur Rechtsverletzung.

1. Unbeachtlichkeit nach § 46 VwVfG

Aufhebungsanspruch entfällt

Nach § 46 VwVfG kann die Aufhebung eines VA (wenn er nicht nach § 44 VwVfG nichtig ist) nicht allein deshalb beansprucht werden, „weil er unter Verletzung von Vorschriften über das Verfahren, die Form oder die örtliche Zuständigkeit zustande gekommen ist, wenn offensichtlich ist, dass die Verletzung die Entscheidung in der Sache nicht beeinflusst hat". 254

§ 46 VwVfG hat demnach zwei kumulative (d.h. gemeinsam erforderliche) Voraussetzungen:

abschließende Aufzählung möglicher Fehler

⇨ Es muss sich um eine Verletzung von Vorschriften über das Verfahren, die Form oder die örtliche Zuständigkeit handeln. Verfahrensfehler in diesem Sinne sind relativ selten, insbesondere da hier teilweise auch eine Heilung nach § 45 VwVfG in Betracht kommt. Denkbare Fälle sind etwa die unterbliebene Mitwirkung Dritter, die Beteiligung befangener Amtsträger oder eben die im Gesetz ausdrücklich genannte fehlende örtliche Zuständigkeit (wobei allgemein anerkannt ist, dass § 46 VwVfG für die fehlende sachliche Zuständigkeit nicht analog anzuwenden ist). 255

kein Einfluss auf Sachentscheidung

⇨ Des Weiteren muss offensichtlich sein, dass die Verletzung der Formvorschriften die Entscheidung in der Sache nicht beeinflusst hat. Dies ist zum einen regelmäßig dann der Fall, wenn es sich um einen „gebundenen“ VA handelt, d.h. also einen VA, dessen Erlass nicht im Ermessen der Behörde stand. In diesen Fällen hat die Verletzung formeller Vorschriften die Entscheidung in der Sache nämlich mit Sicherheit nicht beeinflusst, solange die Tatbestandsvoraussetzungen des VA-Erlasses gegeben sind. Daneben kann nach § 46 VwVfG aber auch ein Formverstoß bei Ermessens-VA unbeachtlich sein, wenn sich dieser in der Sache offensichtlich nicht ausgewirkt hat, d.h. also unabhängig von dem formellen Fehler die zutreffende Ermessensentscheidung getroffen worden ist. *256*

⇨ In beiden Fällen (d.h. also sowohl bei gebundenen als auch bei Ermessens-VA) muss nach § 46 VwVfG also geprüft werden, wie die Entscheidung in der Sache zutreffend ergehen musste. Sind die materiellen Voraussetzungen des VA-Erlasses gegeben, so wirkt sich ein bloßer Verfahrensfehler mithin nicht aus. *257*

2. Umdeutung nach § 47 VwVfG

Voraussetzungen

Nach § 47 I VwVfG kann ein fehlerhafter VA „in einen anderen VA umgedeutet werden, wenn er auf das gleiche Ziel gerichtet ist, von der erlassenden Behörde in der geschehenen Verfahrensweise und Form rechtmäßig hätte erlassen werden können und wenn die Voraussetzungen für dessen Erlass erfüllt sind“. Die Möglichkeit der Umdeutung enthält aufgrund ihrer zahlreichen Tatbestandsvoraussetzungen zwar verschiedene dogmatische Probleme, ist aber von geringer praktischer Relevanz und dürfte auch in der Klausur nur selten eine Rolle spielen. *258*

Sie kann nach h.M. auch vom Gericht durchgeführt werden, da es sich bei der Umdeutung nicht um einen behördlichen Gestaltungsakt handelt, sondern lediglich um die „Erkenntnis des richtigen Regelungsgehaltes“.

gleiche Zielsetzung

Der neue VA muss zwar nicht inhaltlich mit dem alten VA identisch sein, aber dieselben Ziele und Interessen verfolgen wie dieser. Außerdem ist in § 47 I VwVfG klargestellt, dass auch die formalen Voraussetzungen erfüllt sein müssen. *259*

***Bsp.:** Somit wäre beispielsweise die Umdeutung eines VAs, den die Behörde ganz allein erlassen konnte, in einen anderen VA, bei dessen Erlass eine andere Behörde mitwirken müsste, nicht möglich.*

hemmer-Methode: Beachten Sie auch § 47 III VwVfG: Danach kann ein gebundener VA nicht in einen Ermessens-VA umgedeutet werden.
Im Übrigen ist § 47 VwVfG ähnlich zu behandeln wie § 140 BGB. Z.B. darf der VA, in den umgedeutet werden soll, nicht weitergehen als der ursprünglich fehlerhafte VA. Während dies im Zivilrecht aus der Maßgeblichkeit des Parteiwillens für das Rechtsgeschäft abgeleitet werden muss, findet sich in § 47 II VwVfG ein Anhaltspunkt für diese Beschränkung, da eine Umdeutung nicht möglich sein soll, „wenn der VA, in den der fehlerhafte VA umzudeuten wäre, der erkennbaren Absicht der erlassenden Behörde widerspräche oder seine Rechtsfolgen für den Betroffenen ungünstiger wären" als die des fehlerhaften VA.

3. Drittanfechtungsklage

Erfordernis einer drittschützenden Norm

Hat nicht der Adressat eines belastenden VA, sondern ein Dritter Anfechtungsklage (etwa gegen einen den anderen begünstigenden VA) erhoben, so sind für die Frage der Rechtsverletzung die Argumente wieder aufzugreifen, die i.R.d. Zulässigkeit bei der Klagebefugnis diskutiert wurden.[97] **260**
Die Klage des Dritten kann daher nur begründet sein, wenn die festgestellte Rechtswidrigkeit gerade eine **drittschützende Norm** betrifft. Eine ausführliche Auseinandersetzung mit dem Drittschutzcharakter einer Norm ist hier freilich nur noch dann erforderlich, wenn dieser i.R.d. Zulässigkeit noch nicht abschließend festgestellt wurde.

hemmer-Methode: Die drittschützende Wirkung einer Norm sollte bereits i.R.d. Klagebefugnis geprüft werden. Hat man dies bejaht und kommt in der Begründetheit zu dem Ergebnis, dass der VA rechtswidrig ist und gegen eben diese drittschützende Norm verstoßen wurde, so kann man relativ unproblematisch und kurz die Rechtsverletzung bejahen.
Etwas anderes gilt jedoch, wenn die Klagebefugnis mit der möglichen Verletzung einer anderen Norm als der, die nun tatsächlich verletzt ist, bejaht wurde. Dann muss nun noch ausführlich gerade der drittschützende Charakter der tatsächlich verletzten Norm geprüft werden.

97 S. oben Rn. 84 ff.

§ 4 Verpflichtungsklage[98]

A) Zulässigkeit

I. Eröffnung des Verwaltungsrechtswegs

Prüfungsreihenfolge wie bei Anfechtungsklage

Auch für die Verpflichtungsklage ist zunächst nach der Eröffnung des Verwaltungsrechtswegs zu fragen. Hierfür sollten Sie die bereits beschriebene Reihenfolge der Prüfung einhalten: 261

1. aufdrängende Spezialzuweisung
2. öffentlich-rechtliche Streitigkeit gem. § 40 I S. 1 VwGO
3. nichtverfassungsrechtlicher Art
4. keine abdrängende Sonderzuweisung

Sämtliche Prüfungspunkte sind in der gleichen Weise zu bearbeiten, wie dies für die Anfechtungsklage dargestellt wurde.[99] Besonders dargestellt werden sollen hier noch zwei Problemkreise, die sich regelmäßig gerade im Rahmen einer Verpflichtungsklage stellen: der Streit um die Benutzung **öffentlicher Einrichtungen** der Gemeinden und um **Subventionen**.

1. Öffentliche Einrichtung

öffentliche Einrichtung: vier Voraussetzungen

Eine öffentliche Einrichtung liegt vor, wenn 262

a) die Verfügungsgewalt der Gemeinde besteht,

b) diese von der Gemeinde im öffentlichen Interesse unterhalten wird und

c) sie durch Widmungsakt

d) der allgemeinen Benutzung durch Gemeindeangehörige zugänglich gemacht wird.

> **Bsp.:** *Stadthalle, städtisches Schwimmbad, städtische Museen, Kinderspielplätze, Volksfest*

---

98 Vgl. ausführlich **Hemmer/Wüst, Verwaltungsrecht II, Rn. 1 ff.**

99 S. oben Rn. 23 ff.

Geht es um die Zulassung zu einer öffentlichen Einrichtung, so ist fraglich, ob eine **öffentlich-**rechtliche **Streitigkeit** im Sinne von § 40 I S. 1 VwGO vorliegt.

Wahlrecht der Gemeinde

Nach h.M. hat die Gemeinde ein Wahlrecht, ob sie das Rechtsverhältnis zu den Benutzern der Einrichtung öffentlich-rechtlich oder privatrechtlich ausgestaltet. Dies ist anhand des Vorgehens der Gemeinde zu entscheiden. 263

> ***Bsp.:*** *Die Benutzung der Stadthalle wird in Mietverträgen mit den einzelnen Benutzern geregelt. Streitentscheidende Norm kann nun sowohl die entsprechende Vorschrift in der Gemeindeordnung (z.B. § 8 II GO NRW, Art. 21 BayGO, § 10 II SächsGO) oder auch §§ 535 ff. BGB sein.*

Dieses Wahlrecht wird allerdings wiederum eingeschränkt, indem das Rechtsverhältnis zwischen der Gemeinde und dem Einzelnen in zwei Stufen unterschieden wird. Diese **Zwei-Stufen-Theorie** trennt die Entscheidung über das „**Ob**" der Zulassung von der nachfolgenden Regelung des „**Wie**". 264

Entscheidende Aussage der Zwei-Stufen-Theorie ist nun, dass Streitigkeiten auf der **ersten Stufe immer öffentlich-rechtliche** sind, sodass der Verwaltungsrechtsweg eröffnet ist. Auf der Ebene der Entscheidung über das „Ob" der Zulassung wird damit die befürchtete „Flucht ins Privatrecht" verhindert.

hemmer-Methode: Da vor den Zivilgerichten ein Kontrahierungszwang weitgehend unbekannt ist, wäre es unmöglich, zumindest aber sehr schwer, ein Gericht davon zu überzeugen, den Beklagten zum Abschluss eines Vertrags zu verurteilen. Der aus dem öffentlichen Recht stammende Anspruch auf Zulassung wäre damit weitgehend wertentleert, müsste er vor den Zivilgerichten durchgesetzt werden – es käme zu einer „Flucht ins Privatrecht". Hinzu kommt u.a., dass vor den Verwaltungsgerichten der Amtsermittlungsgrundsatz gilt, § 86 I VwGO, während im Zivilprozess der Beibringungsgrundsatz herrscht, sodass ein Zivilverfahren für den Laien deutlich schwerer zu führen ist als ein Verwaltungsprozess.

Zwei-Stufen-Theorie

Fragen des „Wie" der Zulassung (zweite Stufe) hingegen können, wenn die Gemeinde eine zivilrechtliche Ausgestaltung der Benutzungsverhältnisse gewählt hat, zivilrechtliche Streitigkeiten darstellen. 265

> Verweigert die Gemeinde dem Bürger in obigem Beispiel den Abschluss eines Mietvertrags, liegt eine Streitigkeit über das „Ob" der Zulassung und damit eine öffentlich-rechtliche Streitigkeit vor.

2. Subventionen

In ähnlicher Weise wird im Bereich der Subventionsvergabe differenziert zwischen der Entscheidung der Behörde, einen Bewilligungsbescheid zu erlassen (erste Stufe) und der weiteren Entscheidung, wie die Subventionierung dann im Einzelnen erfolgt (zweite Stufe). Subventionen sind geldwerte Leistungen des Staates zur Förderung eines im öffentlichen Interesse liegenden Zwecks, die zumindest teilweise ohne marktmäßige Gegenleistung erfolgen.

hemmer-Methode: Zur Rechtswegeröffnung bei Subventionen vgl. Fall 24 in „Die 44 wichtigsten Fällen zum Verwaltungsrecht" von Hemmer/Wüst.

II. Statthaftigkeit der Verpflichtungsklage

Verpflichtungskl. auf Erlass eines VA gerichtet

Die Verpflichtungsklage ist gem. § 42 I Alt. 2 VwGO statthaft, wenn der Kläger die Verurteilung zum Erlass eines Verwaltungsakts begehrt. 266

> **Bsp.:** *Klage auf Erteilung einer Bau-, Gaststätten- oder immissionsschutzrechtlichen Genehmigung, Klage auf Zulassung zu einer öffentlichen Einrichtung, Klage auf behördliches Tätigwerden gegen den Schwarzbau des Nachbarn*

Dabei kann noch zwischen der Versagungsgegenklage (UF 1) und der Untätigkeitsklage (UF 2) differenziert werden. Die Versagungsgegenklage ist einschlägig, wenn zuvor der Antrag auf Erlass des Verwaltungsakts abgelehnt wurde, während die Untätigkeitsklage den Fall erfasst, dass die Behörde auf den entsprechenden Antrag überhaupt nicht reagiert.

Abgrenzungsprobleme können sich einerseits zur Anfechtungsklage, andererseits zur allgemeinen Leistungsklage ergeben:

1. Abgrenzung zur Anfechtungsklage

Abgrenzung erforderlich bei Klage gegen Aufhebung eines Verwaltungsakts

Die Abgrenzung zur Anfechtungsklage ist insbesondere erforderlich, wenn es um die Aufhebung eines Verwaltungsakts geht. Hier könnte der Kläger sein Begehren auch dadurch erreichen, dass er auf erneuten Erlass des ursprünglich erteilten, später aufgehobenen Verwaltungsakts klagt. 267

Eine solche Verpflichtungsklage ist jedoch unzulässig, da die Anfechtungsklage gegen die Aufhebung den einfacheren Weg darstellt.[100] Daher ist die Verpflichtungsklage in diesem Fall nicht zulässig, sie scheitert am Rechtsschutzbedürfnis.

Von der Anfechtungsklage abzugrenzen ist auch bei einem Angriff gegen eine Nebenbestimmung.[101]

2. Abgrenzung zur allgemeinen Leistungsklage[102]

sonst: allg. Leistungsklage

Ist die Klage auf eine andere Handlung als den Erlass eines Verwaltungsakts gerichtet, ist die **allgemeine Leistungsklage** statthaft. 268

Es ist daher zu prüfen, ob der Kläger eine Verwaltungsmaßnahme begehrt, welche die Voraussetzungen des § 35 VwVfG erfüllt oder nicht. Hier können sämtliche Tatbestandsmerkmale des Verwaltungsakts ebenso wie bei der Anfechtungsklage problematisch werden.

hemmer-Methode: Vgl. Sie hierzu auch Fall 25 aus „Die 44 wichtigsten Fälle zum Verwaltungsrecht“ von Hemmer/Wüst.

Problematisch bei der Abgrenzung von Verpflichtungs- und allgemeiner Leistungsklage ist insbesondere die **„Regelung“ i.S.v. § 35 VwVfG**. 269

a) Behördliche Auskünfte

keine Verwaltungsakte (str.)

Behördliche **Auskünfte** stellen richtigerweise keine Verwaltungsakte dar, denn sie sind nicht auf die Setzung einer Rechtsfolge gerichtet. Sie informieren lediglich den Bürger, der um die Auskunft nachgefragt hat (h.M.).[103] 270

Die frühere Rechtsprechung hat bisweilen einen Verwaltungsakt und eine Verpflichtungsklage mit der Begründung angenommen, dass die Behörde vor Erteilung der Auskunft eine Entscheidung über deren Erteilung treffe und in dieser **vorgeschalteten Entscheidung** eine Regelung zu sehen sei. 271

---

[100] S.o. Rn. 76.

[101] S.o. Rn. 77.

[102] Zur allg. Leistungsklage und insbesondere auch ihrer Herleitung u. Rn. 343.

[103] Vgl. Kopp/Schenke, Anh § 42 VwGO, Rn. 37, m.w.N.; einen Verwaltungsakt nimmt das BVerwG ausnahmsweise bei einer Auskunft nach § 15 BVerfSchG an: Hier muss die Behörde erst in einer komplexen Subsumtion entscheiden, ob überhaupt ein Auskunftsanspruch besteht. Der Schwerpunkt der Handlung liegt daher nach Ansicht des BVerwG in der Rechtsentscheidung über den Anspruch, vgl. BVerwG, NJW 1990, 2761.

Dem ist allerdings zu entgegnen, dass vor jedem behördlichen Handeln eine bewusste Entscheidung der Verwaltung erfolgt, sodass dieses Argument dazu führen müsste, einen Verwaltungsakt bei jeglichem Verwaltungshandeln zu bejahen. Eine solche konturenlose Ausweitung des Verwaltungsaktbegriffs ist aber abzulehnen.[104] 272

hemmer-Methode: Zudem fehlt es an der Bekanntgabe (§§ 41, 43 I VwVfG). Denn dem Betroffenen wird dann die Auskunft mitgeteilt, nicht aber die dieser Auskunft zugrunde liegende Entscheidung!

b) Begehren einer (Geld-)Leistung

Festsetzung der Leistung durch die Behörde?

Begehrt der Kläger eine Geld- oder sonstige Leistung der Behörde, so ist ebenfalls regelmäßig die Verpflichtungsklage von der allgemeinen Leistungsklage abzugrenzen. 273

Denn hierbei kann das Begehren entweder auf die Leistung an sich gerichtet sein, die eine tatsächliche Handlung darstellt, sodass die allgemeine Leistungsklage statthaft wäre.

> ***Bsp.:*** *Die Zahlung eines Geldbetrags (bar oder durch Überweisung) ist eine tatsächliche Handlung (Realakt). Die Zurverfügungstellung der Stadthalle für die Veranstaltung des Klägers.*

Alternativ könnte aber auch der Erlass einer ausdrücklichen Regelung der Behörde (= Verwaltungsakt) begehrt werden, welche die Leistung festsetzt. 274

> ***Bsp.:*** *Die Regelung, dass Meier eine Subvention in Höhe von 30.000,- € erhält. Die Entscheidung, dass er zur Benutzung der Stadthalle zugelassen wird.*

Festzuhalten ist hierbei zunächst, dass das eigentliche Ziel des Klägers in diesen Fällen natürlich immer darauf gerichtet ist, die Leistung tatsächlich zu erhalten. Es geht ihm selbstverständlich nicht nur darum, dass die Behörde einen Verwaltungsakt erlässt.

> Will Meier 30.000,- € Subventionen, so ist ihm letztlich nicht allein damit gedient, ein Stück Papier zu erhalten, indem die Behörde ihm diesen Betrag zuerkennt. Davon kann er sich (noch) nichts kaufen. Er will das Geld.

[104] Kopp/Schenke, Anh § 42 VwGO, Rn. 37.

gesetzliche Regelung

Häufig ist die Behörde allerdings verpflichtet, vor der Gewährung der Leistung eine Regelung genau darüber zu treffen. Dies ist an manchen Stellen **ausdrücklich gesetzlich geregelt**. So bestimmt § 48 III S. 4 VwVfG, dass die Ausgleichsleistung an den Betroffenen wegen Aufhebung eines Verwaltungsakts „festzusetzen" ist. Dies erfordert den Erlass eines Verwaltungsakts.[105] 275

hemmer-Methode: Vgl. Sie hierzu Fall 26 aus „Die 44 wichtigsten Fälle zum Verwaltungsrecht" von Hemmer/Wüst.

sonstige Anerkennung einer behördlichen Festsetzung

In anderen Fällen ist dies nicht ausdrücklich gesetzlich geregelt, wird aber so praktiziert und letztlich als ungeschriebener Rechtsgrundsatz anerkannt. 276

So wird über die **Zulassung zu einer öffentlichen Einrichtung** der Gemeinde zuvor durch Verwaltungsakt entschieden, sodass der entsprechende Anspruch aus der Gemeindeordnung (aufgrund z.B. § 8 II GO NRW, Art. 21 BayGO, § 10 II SächsGemO) mit der Verpflichtungsklage durchzusetzen ist. Gleiches gilt bei dem Begehren einer **Subvention**.

III. Klagebefugnis, § 42 II VwGO

Klagebefugnis: keine Adressatentheorie

Die Klagebefugnis ist anders zu formulieren als bei der Anfechtungsklage, auch wenn der Inhalt ähnlich bleibt. Insbesondere darf nicht auf die Adressatentheorie abgestellt werden, da es gerade nicht primär um die Beseitigung des Ablehnungsbescheides, sondern um die Vornahme einer behördlichen Handlung geht. 277

Anspruch auf VA?

Es muss deshalb möglich sein, dass der Kläger einen **Anspruch auf den begehrten VA** hat (er wird dann – wie es die Formulierung in § 42 II VwGO verlangt – durch die Ablehnung seines Antrags in diesem Recht möglicherweise verletzt). 278

Maßgeblich ist hierbei die Rechtsgrundlage des begehrten VA. Diese muss dem Bürger bei Vorliegen ihrer Tatbestandsvoraussetzungen einen Anspruch auf Erteilung des VA geben (**Anspruchsgrundlage**).

unmittelbar begünstigender VA

Dies ist unproblematisch der Fall, soweit es um die Erteilung einer Genehmigung oder eines ähnlichen, den Antragsteller unmittelbar begünstigenden VA geht. 279

---

[105] Kopp/Ramsauer, § 48 VwVfG, Rn. 129.

***Bsp.:** Wenn die Voraussetzungen des § 6 BImSchG erfüllt sind, ist die Genehmigung zu erteilen, der Anspruchsteller hat dann m.a.W. einen Anspruch auf die Genehmigung.*

Drittschutz

Ein möglicher Anspruch auf Erlass des begehrten VA ist schwieriger zu bejahen, wenn der Bürger einen sonstigen, regelmäßig **drittbelastenden VA** begehrt. 280

***Bsp.:** N begehrt von der Immissionsschutzbehörde eine nachträgliche Anordnung gemäß § 17 BImSchG gegen die benachbarte Anlage.*

Schutznormtheorie

In einem solchen Fall ist nach den Grundsätzen der Schutznormtheorie (s. oben Rn. 93) danach zu fragen, ob der Behörde die Befugnis zum Erlass des begehrten VA gerade auch im Interesse des Antragstellers oder nur im Interesse der Allgemeinheit zusteht. 281

Eine nachträgliche Anordnung ggü. N nach § 17 BImSchG ist möglich „zur Erfüllung der sich aus diesem Gesetz ... ergebenden Pflichten“. Eine dieser Pflichten ist nach § 5 I Nr. 1 BImSchG auch, die Nachbarschaft vor schädlichen Umwelteinwirkungen zu schützen. Behauptet N, von der Anlage gingen solche Einwirkungen aus, steht ihm aus § 17 BImSchG ein möglicher Anspruch auf Erlass einer nachträglichen Anordnung zu.

hemmer-Methode: Sie sind dann in der Konstellation der Drittverpflichtungsklage. Vgl. Sie hierzu u. Rn. 300 sowie Fall 30 aus „Die 44 wichtigsten Fälle zum Verwaltungsrecht“ von Hemmer/Wüst.

Anspruch auf ermessensfehlerfreie Entscheidung bei drittschützenden Ermessensvorschriften

Wird der Erlass einer Ermessensentscheidung begehrt, ist auf den Anspruch auf **ermessensfehlerfreie Entscheidung** abzustellen. Es ist deshalb zu begründen, dass die Ermessensnorm, auf die sich der Kläger stützt, nicht nur dem öffentlichen, sondern auch seinem Individualinteresse dient. Ein Anspruch auf eine bestimmte Sachentscheidung besteht nur im Fall der **Ermessensreduzierung** auf Null (dazu unten Rn. 302). 282

IV. Vorverfahren, § 68 I, II VwGO

Vorverfahren

Gemäß § 68 II VwGO muss auch vor Erhebung der Verpflichtungsklage ein Vorverfahren durchgeführt werden. Insoweit gilt das zur Anfechtungsklage Ausgeführte Dies gilt auch für die Frage der Entbehrlichkeit des Vorverfahrens nach § 68 II, I S. 2 VwGO. 283

1. Entbehrlichkeit des Vorverfahrens bei reiner Untätigkeit der Behörde

§§ 68 II, 75 S. 1 Alt. 2 VwGO

Das Vorverfahren ist nicht notwendig, wenn der Kläger den begehrten Verwaltungsakt bei der Behörde beantragt hat, die **Behörde** aber **vollständig untätig** geblieben ist und nicht einmal den Erlass des Verwaltungsakts abgelehnt hat. 284

Dass in diesem Fall kein Vorverfahren durchzuführen ist, ergibt sich bereits aus § 68 II VwGO. Denn dieser schreibt für die Verpflichtungsklage ein Vorverfahren nur dann vor, wenn der Antrag auf Erlass eines Verwaltungsakts **abgelehnt** worden ist. Die reine Untätigkeit ist aber keine Ablehnung!

Zudem bestimmt § 75 S. 1 Alt. 2 VwGO, dass bei Nichtentscheidung über den Antrag die Klage ohne Vorverfahren zulässig ist. Die „**Untätigkeitsklage**" erfordert also kein Vorverfahren.

hemmer-Methode: Vorsicht mit dem Begriff „Untätigkeitsklage"! Diese ist kein eigener Klagetyp, sondern eine Verpflichtungsklage, allerdings in dem besonderen Fall, dass die Behörde überhaupt nicht reagiert hat, sondern untätig geblieben ist. Demgegenüber wird der Normalfall, dass die Behörde den Erlass des begehrten Verwaltungsakts ausdrücklich ablehnt, „Versagungsgegenklage" genannt. Auch dies ist kein eigener Klagetyp. Beide Besonderheiten sind bereits in § 42 I VwGO selbst berücksichtigt, in der Formulierung „abgelehnten oder unterlassenen Verwaltungsakts". Die Unterscheidung wirkt sich nur an wenigen Stellen aus: die wichtigsten sind das Vorverfahren, die Fristbindung nach § 74 II VwGO und § 75 VwGO!

2. Entbehrlichkeit des Widerspruchsbescheids, § 75 S. 1 Alt. 1 VwGO

Abschluss des Vorverfahrens durch den Widerspruchsbescheid

Das Vorverfahren ist nicht nur ordnungsgemäß, sondern auch erfolglos durchzuführen. Hierzu gehört grundsätzlich der **Abschluss** des Widerspruchsverfahrens durch Erlass eines **Widerspruchsbescheids**, wie § 73 I S. 1 VwGO zu entnehmen ist. 285

Unterlässt die Behörde diesen, so darf der Widerspruchsführer aber nicht dauerhaft daran gehindert sein, mit der Verpflichtungsklage seinen Anspruch auf einen Verwaltungsakt durchzusetzen. Daher bestimmt § 75 S. 1 Alt. 1 VwGO, dass bei Nichtentscheidung der Behörde ohne zureichenden Grund in angemessener Frist die Klage ohne Abschluss durch Widerspruchsbescheid zulässig ist.

Die Frist hierfür beträgt regelmäßig drei Monate, vgl. § 75 S. 2 VwGO.

hemmer-Methode: § 75 S. 1 Alt. 1 VwGO wirkt sich bei der Verpflichtungsklage nicht anders aus als bei der Anfechtungsklage.[106] Anders § 75 S. 1 Alt. 2 VwGO, der wie gezeigt überhaupt nur bei der Verpflichtungsklage anwendbar ist (und sich auch anders auswirkt, indem nicht nur der Abschluss, sondern das gesamte Widerspruchsverfahren entbehrlich ist!). Vgl. hierzu auch Fall 27 in „Die 44 wichtigsten Fälle zum Verwaltungsrecht" von Hemmer/Wüst.

V. Klagefrist, § 74 VwGO, und übrige Zulässigkeitsvoraussetzungen

wie Anfechtungsklage

Für die Versagungsgegenklage geltend die Ausführungen zur Anfechtungsklage entsprechend, § 74 II VwGO. Die Untätigkeitsklage ist hingegen nicht fristgebunden. 286

B) Begründetheit[107]

Begründetheit: Obersatz

Auch diese Prüfung ist mit einem einleitenden Obersatz zu beginnen, der sich grundsätzlich nach § 113 V S. 1 VwGO richtet. 287

Normalfall: Versagungsgegenklage

„Die Klage ist begründet, soweit die Ablehnung des Verwaltungsakts rechtswidrig, der Kläger dadurch in seinen Rechten verletzt ist und die Sache spruchreif ist." 288

Beachten Sie: Je nach Bundesland, z.B. Bayern, müssen Sie in der Begründetheit auch nach dem richtigen Beklagten fragen, § 78 VwGO. Bei der Verpflichtungsklage ist dabei der Rechtsträger der für den begehrten Verwaltungsakt zuständigen Behörde passivlegitimiert.

Untätigkeitsklage

Bei der **„Untätigkeitsklage"**, wenn die Behörde nicht einmal den Verwaltungsakt abgelehnt hat, ersetzen Sie „Ablehnung" durch „Unterlassung".[108] 289

Rechtsgrundlage mit oder ohne Ermessen?

Im Hinblick auf den weiteren Aufbau der Begründetheit ist zwischen zwei verschiedenen Klausurvarianten, den gebundenen und den ermessensabhängigen VA, zu unterscheiden. 290

---

[106] Dazu o. Rn. 130.

[107] Vgl. ausführlich **Hemmer/Wüst, Verwaltungsrecht II, Rn. 55 ff.**

[108] Zur „Untätigkeitsklage" bereits o. Rn. 284.

I. Rechtsgrundlage ohne Ermessen (gebundene Verwaltung)

gebundene Ansprüche ⇨ Voraussetzungen prüfen

Hat der Bürger bei Vorliegen der Tatbestandsvoraussetzungen einen ermessensunabhängigen Anspruch auf die Erteilung des VA, erfolgt nun die Subsumtion unter diese Tatbestandsvoraussetzungen. *291*

hemmer-Methode: Dies sollten Sie bereits im Obersatz dadurch klarstellen, indem Sie folgenden Zusatz anfügen: „Dies ist jedenfalls dann der Fall, wenn dem Kläger ein Anspruch auf den Erlass des VA zusteht."

z.B. Genehmigungsfälle

Besonders klausurrelevant sind hier Fälle, in denen der Erlass einer **Genehmigung** begehrt wird. *292*

Dabei ist nach dem Schema Genehmigungspflichtigkeit – Genehmigungsfähigkeit des Vorhabens vorzugehen.

1. Genehmigungspflichtigkeit

Genehmigungspflichtigkeit

Voranzustellen ist die Norm, aus der sich das Genehmigungserfordernis ergibt, die enthaltenen Definitionen sind zu erläutern, das im Sachverhalt geschilderte Vorhaben ist unter die Begriffe zu subsumieren. *293*

Außerdem ist darauf zu achten, ob es Ausnahmetatbestände gibt, die eine Genehmigungspflichtigkeit wieder ausschließen.

> ***Bsp.:** So ist in einem gaststättenrechtlichen Fall darauf einzugehen, ob es sich bei dem geplanten Vorhaben um ein Gaststättengewerbe gem. § 1 GastG handelt, das grundsätzlich gem. § 2 I S. 1 GastG genehmigungspflichtig ist. Problematisch könnte dann sein, ob eine Ausnahme gem. § 2 II GastG vorliegt.*

hemmer-Methode: Gerade bei den Genehmigungsfällen ist auf das Regel-Ausnahme-Prinzip zu achten! Fallen Sie nicht gleich „mit der Tür ins Haus", sondern verzögern Sie Ihren Gedankenablauf durch kritische Prüfung aller im Sachverhalt angesprochenen Fragen. Deshalb müssen Sie vorab stets die generelle Genehmigungspflichtigkeit bestimmter Vorhaben feststellen, um dann eine möglicherweise bestehende Ausnahme von der Genehmigungspflichtigkeit zu prüfen.

Dies gilt selbst dann, wenn keine der gesetzlichen Ausnahmen vorliegt. Zeigen Sie so, dass Sie die Systematik des Gesetzgebers verstanden haben. Lassen Sie sich nicht wertvolle Punkte entgehen, indem Sie die Genehmigungspflichtigkeit bejahen, ohne wenigstens die Möglichkeit einer Ausnahme angesprochen zu haben.

Ist ein Vorhaben nicht genehmigungspflichtig, kann eine begehrte Genehmigung nicht erteilt werden. Eine entsprechende Verpflichtungsklage ist unbegründet, wenn nicht sogar mangels Klagebefugnis schon unzulässig. 294

2. Genehmigungsfähigkeit

Genehmigungsfähigkeit

Dem Kläger steht ein Anspruch auf die begehrte Genehmigung zu, wenn das geplante Vorhaben oder die beabsichtigte Tätigkeit genehmigungsfähig sind. Häufig findet sich auch – z.B. in § 4 I GastG – eine negative Formulierung. 295

Danach besteht der Anspruch dann, wenn keine öffentlich-rechtlichen Normen im Widerspruch zu dem Vorhaben stehen.

II. Rechtsgrundlage mit Ermessen

Ermessens- VA ⇨ Vorgehen nach Reihenfolge des § 113 V S. 1 VwGO

Begehrt der Kläger den Erlass eines Verwaltungsakts, der im Ermessen der Behörde steht, so sollten Sie die weitere Prüfung nach den Voraussetzungen des § 113 V S. 1 VwGO aufbauen: 296

1. Ablehnung rechtswidrig

2. Rechtsverletzung des Klägers

3. Spruchreife

hemmer-Methode: Beachten Sie nochmals, dass auch bei einem Vornahmeurteil das Gericht den begehrten VA nicht selbst erteilt, sondern „lediglich" die Behörde dazu verpflichtet. Diese Beschränkung der gerichtlichen Tätigkeit kann als Ausdruck des Gewaltenteilungsprinzips (Art. 20 II S. 2 GG) betrachtet werden.

1. Ablehnung rechtswidrig

Tatbestand der Rechtsgrundlage + Ermessensentscheidung

Die Prüfung der ersten Voraussetzung des § 113 V S. 1 VwGO, der Rechtswidrigkeit der Ablehnung, erfolgt wiederum in zwei Schritten: 297

(1) Tatbestand der Rechtsgrundlage des Verwaltungsakts

(2) Fehlerfreie Ermessensentscheidung

Den **Tatbestand** der Rechtsgrundlage zu prüfen wird bedauerlicherweise allzu häufig vergessen. Wenn allerdings nicht einmal diese erfüllt sind, so kann die Ablehnung des Verwaltungsakts durch die Behörde aber niemals rechtswidrig sein! Vielmehr hat dann die Behörde vollständig zu Recht den Erlass des Verwaltungsakts abgelehnt – eben weil ja nicht einmal der Tatbestand der Rechtsgrundlage erfüllt war! 298

> ***Bsp.:*** *Die Sondernutzungserlaubnis im Straßenrecht steht im Ermessen der Behörde (vgl. § 18 StrWG NRW, Art. 18 BayStrG, § 18 SächsStrG). Martin begehrt eine solche Erlaubnis, um Flugblätter in der Fußgängerzone zu verteilen, welche die Behörde allerdings ablehnt.*
>
> Die Ablehnung der Behörde ist in jedem Fall rechtmäßig: Denn das Verteilen von Flugblättern ist gar nicht erlaubnispflichtig, sondern als Gemeingebrauch erlaubnisfrei! Es kommt dann tatsächlich überhaupt nicht mehr darauf an, ob die Behörde auch eine ordnungsgemäße Ermessensentscheidung getroffen hat. Denn dass Martin keinen Anspruch auf die Sondernutzungserlaubnis hat, steht fest. Es ist dann völlig egal, aus welchen Gründen die Behörde die Erlaubnis abgelehnt hat!

2. Rechtsverletzung

subjektiv-öffentliches Recht

Die Ablehnung oder Unterlassung des Verwaltungsakts muss den Kläger in seinen Rechten verletzen. Begehrt der Kläger einen an ihn selbst gerichteten, begünstigenden Verwaltungsakt, so ist die Rechtsverletzung unproblematisch. 299

Denn in diesem Fall hat der Kläger ein Recht aus eben dieser Anspruchsgrundlage.

> ***Bsp.:*** *Wird die Erteilung der straßenrechtlichen Sondernutzungserlaubnis abgelehnt, so ist der Kläger in seinem Recht aus dem jeweiligen Straßengesetz des Landes (z.B. § 18 StrWG NRW, Art. 18 BayStrG, § 18 SächsStrG) verletzt.*

hemmer-Methode: Beachten Sie, dass es keinen allgemeinen Anspruch auf ermessensfehlerfreie Entscheidung gibt; vielmehr muss ein subjektiv-öffentliches Recht aus einer möglichen Verletzung einer drittschützenden Norm ermittelt werden.

Drittverpflichtungsklage

Schwieriger ist die Begründung, wenn es um die Situation der **Drittverpflichtungsklage** geht, bei der der Kläger den Erlass eines Verwaltungsakts begehrt, der an einen anderen gerichtet ist und diesen belastet. Dann muss ein subjektiv-öffentliches Recht des Klägers aus eben dieser Vorschrift nach den Grundsätzen der Schutznormtheorie begründet werden. 300

3. Spruchreife

Spruchreife: kein Ermessensspielraum

Spruchreife mit der Folge eines Vornahmeurteils liegt nur dann vor, wenn der begehrte VA zwingend erteilt werden muss. Vielmehr kann eine Ablehnung, auf andere Ermessenserwägungen gestützt, durchaus rechtmäßig sein. 301

hemmer-Methode: Ein „Vornahmeurteil“ ist das Urteil, in dem das Gericht die Behörde zum Erlass des von dem Kläger begehrten Verwaltungsakts verurteilt (§ 113 V S. 1 VwGO). Fehlt die Spruchreife, so erlässt das Gericht ein sog. Verbescheidungsurteil (auch Bescheidungsurteil genannt), § 113 V S. 2 VwGO.

Ermessensreduzierung auf Null

Ein Anspruch auf Erlass des Verwaltungsakts besteht nur, wenn jede andere Entscheidung als die Erteilung des begehrten Verwaltungsakts rechtswidrig ist, wenn also das Ermessen der Behörde auf **Null reduziert** ist.[109] 302

Zusicherung

Eine solche Ermessensreduzierung kann auch dadurch bedingt sein, dass die Behörde den Erlass des VA vorher i.S.d. § 38 VwVfG (Schriftform!) zugesichert hatte. 303

hemmer-Methode: Durch die richtige Einordnung von Problemen fördern Sie Verständnis und sparen so viel Zeit. Wie wichtig aber Zeit sein kann, werden Sie spätestens in der Vorbereitung auf Ihr Staatsexamen merken.
Ihnen die richtige Einordnung zu vermitteln, ist der wesentliche Inhalt der „hemmer-Methode“. Zur Einordnung des § 38 VwVfG: Die Zusicherung und damit zusammenhängende Probleme wie die der Wirkung nach § 38 III VwVfG tauchen in einer Klausur regelmäßig nicht isoliert, sondern i.R. einer möglichen Ermessensreduzierung auf.

---

109 Dazu Kopp/Schenke, § 114 VwGO, Rn. 6; BVerwG, NVwZ 2008, 1024 ff.; **Life&Law 11/2008**.

Selbstbindung

Eine weitere klausurtypische Konstellation der Ermessensreduzierung ist die sog. **Selbstbindung** der Verwaltung. Hat die Behörde bisher in allen gleichgelagerten Fällen den begehrten VA erteilt, so gebietet Art. 3 I GG die Gleichbehandlung des klagenden Bürgers und gibt diesem damit einen Anspruch. *304*

Liegt keine Ermessensreduzierung vor, erlässt das Gericht ein **Verbescheidungsurteil**, § 113 V S. 2 VwGO: Ausgesprochen wird dann nicht die Verpflichtung der Behörde zum Erlass des begehrten Verwaltungsakts, sondern lediglich die Verpflichtung, den Kläger unter Beachtung der Rechtsauffassung des Gerichts zu bescheiden.

hemmer-Methode: Im Gegensatz zu diesem sog. Verbescheidungsurteil wird der Normalfall, dass das Gericht zum Erlass des begehrten Verwaltungsakts verpflichtet, als Vornahmeurteil bezeichnet.

§ 5 Fortsetzungsfeststellungsklage[110]

hemmer-Methode: Zum Einstieg in die Fortsetzungsfeststellungsklage arbeiten Sie Fall 33 in „Die 44 wichtigsten Fälle zum Verwaltungsrecht" von Hemmer/Wüst durch!

A) Zulässigkeit der Fortsetzungsfeststellungsklage

I. Eröffnung des Verwaltungsrechtswegs

§ 23 EGGVG

Vorweg ist darauf hinzuweisen, dass es sich bei der Fortsetzungsfeststellungsklage um eine Klageart handelt, die besonders häufig in Polizeirechtsfällen zu prüfen ist. Deshalb ist in diesem Zusammenhang zu beachten, dass sich gerade bei der Fortsetzungsfeststellungsklage bereits bei der Eröffnung des Verwaltungsrechtsweges regelmäßig die Frage nach der Abgrenzung von § 40 I VwGO zu §§ 23 ff. EGGVG stellt (dazu oben Rn. 31 ff.). 305

II. Klageart

1. Direkte Anwendung des § 113 I S. 4 VwGO

Grundfall des § 113 I S 4 VwGO: Erledigung eines VA

Die Fortsetzungsfeststellungsklage dient in ihrer ursprünglichen, in § 113 I S. 4 VwGO geregelten Form der Feststellung der Rechtswidrigkeit eines VA, der sich im laufenden Klageverfahren erledigt hat. 306

> ***Bsp.:*** *B erhält eine Abrissverfügung für ein Wochenendhaus, gegen die er Widerspruch und später auch Anfechtungsklage erhebt. Während des Gerichtsverfahrens wird das Häuschen durch ein Feuer vollends zerstört.*
>
> Da sich der angegriffene VA erledigt hat (er kann nicht mehr vollstreckt werden), fehlt für das weitere Betreiben der Anfechtungsklage das Rechtsschutzbedürfnis. B kann aber auf eine Fortsetzungsfeststellungsklage i.S.d. § 113 I S. 4 VwGO umstellen, wenn die weiteren Voraussetzungen der Fortsetzungsfeststellungsklage vorliegen.

Der Kläger hat im Fall der Erledigung die Reaktionsmöglichkeit, dass die Klage dahingehend umgestellt wird, dass die Rechtswidrigkeit des angefochtenen VA festzustellen ist. 307

[110] Umfassend hierzu **Hemmer/Wüst, Verwaltungsrecht II, Rn. 99**.

hemmer-Methode: Die Einordnung der Fortsetzungsfeststellungsklage ist umstritten. Die noch h.M. ist der Auffassung, dass es sich hierbei um einen Unterfall bzw. eine Fortsetzung der Anfechtungsklage handelt. Nach anderer Ansicht handelt es sich allerdings um eine besondere Feststellungsklage.
Hierbei handelt es sich nicht um einen reinen Theorienstreit, den man als überflüssigen Ballast außer Acht lassen könnte. Vielmehr wirken sich die unterschiedlichen Ansichten insbesondere dann aus, wenn es um die Frage der Fristgebundenheit der Fortsetzungsfeststellungsklage geht (dazu unten Rn. 332 ff.).

2. Analoge Anwendung des § 113 I S. 4 VwGO

analoge Anwendungsfälle

a) § 113 I S. 4 VwGO betrifft unmittelbar nur den Fall, dass sich ein VA nach Klageerhebung erledigt. Die Regelung ist analog jedoch nach h.M. auch auf diejenigen Fälle anwendbar, in denen sich die Hauptsache schon vor Erhebung einer Anfechtungsklage erledigt hat. *308*

hemmer-Methode: Zwar klingt in einer Entscheidung des BVerwG[111] die Absicht an, diese analoge Anwendung des § 113 I S. 4 VwGO zu Gunsten einer direkten Anwendung des § 43 VwGO aufzugeben. Bis sich diese Absicht aber auch tatsächlich durchgesetzt hat, sollten Sie weiterhin auf § 113 I S. 4 VwGO analog zurückgreifen, da Sie sich nur auf diese Vorgehensweise den Zugang zu einer Vielzahl zusätzlicher Probleme eröffnen. Als Argument hierfür spricht, dass es keinen Unterschied machen kann, ob die Erledigung kurz vor oder kurz nach Klageerhebung eintritt. In beiden Fällen muss ein Gleichlauf der Zulässigkeitsvoraussetzungen gelten. Mit bspw. diesem Argument sollten Sie sich in der Klausur für die analoge Anwendung des § 113 I S. 4 VwGO entscheiden.

Daneben wird § 113 I S. 4 VwGO auch auf die Situation der Verpflichtungsklage analog angewandt. Dies ist weitgehend unstreitig, wenn sich das Verpflichtungsbegehren nach Erhebung der Verpflichtungsklage erledigt. Die h.M. zieht § 113 I S. 4 VwGO aber auch dann analog an, wenn die Erledigung bereits vor Klageerhebung eintritt, s.o. *309*

hemmer-Methode: Vergleichen Sie hierzu Fall 38 in „Die 44 wichtigsten Fälle zum Verwaltungsrecht" von Hemmer/Wüst.

> ***Bsp.:*** *Der begehrte VA, Zuteilung der Stadthalle für eine Wahlveranstaltung, hat sich mit Ablauf der Wahl erledigt.*

[111] BVerwG, NVwZ 2000, 63 = BayVBl. 2000, 439.

allg. bei Leistungsklage § 113 I S. 4 VwGO nicht analog (str.)

b) I.R.d. allgemeinen Leistungsklage wird eine analoge Anwendung des § 113 I S. 4 VwGO bei Erledigung des Klagebegehrens von der h.M. abgelehnt. 310 311

Der Kläger hat vielmehr die Möglichkeit einer allgemeinen Feststellungsklage nach § 43 VwGO.

3. Erledigung des Verwaltungsakts

Erledigung = Wegfall der Beschwer

Eine Erledigung liegt im Rahmen einer Anfechtungssituation vor, wenn die mit dem VA verbundene rechtliche oder sachliche Beschwer nachträglich weggefallen ist oder wenn aus anderen Gründen dem Kläger mit der Aufhebung nicht mehr gedient ist. 312

Die Erledigung muss dabei objektiv feststehen, eine bloße Erledigungserklärung genügt nicht.

Innerhalb der Situation der Verpflichtungsklage liegt eine Erledigung vor, wenn das gewünschte Klagebegehren nicht mehr erreicht werden kann, weil etwa der gewünschte Termin, zu dem eine Stadthalle gemietet werden sollte, vor oder während des Prozesses verstreicht oder weil die letzte zu vergebende Konzession ausgehändigt wurde. 313

hemmer-Methode: Vergleichen Sie hierzu die Fälle 34 und 35 in „Die 44 wichtigsten Fälle zum Verwaltungsrecht" von Hemmer/Wüst.

III. Klagebefugnis

§ 42 II VwGO

Die Fortsetzungsfeststellungsklage ist nur zulässig, wenn eine Klagebefugnis nach § 42 II VwGO vorliegt. 314

bei direkter

In der direkten Anwendung des § 113 I S. 4 VwGO ergibt sich dies bereits daraus, dass hier ursprünglich eine Anfechtungsklage erhoben wurde. War diese mangels Klagebefugnis unzulässig, muss dies auch für ihre Fortsetzung über die Fortsetzungsfeststellungsklage gelten. 315

und analoger Anwendung des § 113 I S. 4 VwGO

Im Fall der analogen Anwendung des § 113 I S. 4 VwGO rechtfertigt sich die analoge Anwendung des § 42 II VwGO entweder aus dem allgemeinen Rechtsgedanken, eine Popularklage zu vermeiden, oder aus dem Charakter der Fortsetzungsfeststellungsklage als fortgesetzte Anfechtungs- oder Verpflichtungsklage. 316

IV. Fortsetzungsfeststellungsinteresse

Fortsetzungsfeststellungsinteresse

§ 113 I S. 4 VwGO fordert ein berechtigtes Interesse des Klägers an der Feststellung der Rechtswidrigkeit des erledigten VA. Ein solches berechtigtes Interesse wird grundsätzlich in vier Fallgruppen anerkannt. 317

1. Wiederholungsgefahr

Wiederholungsgefahr

Ausreichend ist zum einen eine hinreichend konkrete Wiederholungsgefahr. 318

> **Bsp.:** *Der bei einer Demonstration von der Polizei geschlagene Kläger macht geltend, in Kürze wieder an einer vergleichbaren Demonstration teilnehmen zu wollen.*

2. Rehabilitationsinteresse

Rehabilitationsinteresse

Dieses „Wiedergutmachungsinteresse“ liegt vor, wenn der VA diskriminierende Wirkung hatte, diese Wirkung noch andauert und der Kläger objektiv noch in seinen Persönlichkeitsrechten durch eine Herabwürdigung seines sozialen Geltungsanspruchs beeinträchtigt ist. 319

Diese Wirkung kann sich aus dem VA selbst, seiner Begründung oder auch aus den Umständen bei seinem Erlass ergeben. Als Hinweis im Sachverhalt findet sich insoweit häufig, dass der Einsatz von mehreren unbeteiligten Personen beobachtet wurde.

3. Schwerwiegender Grundrechtseingriff

Grundrechtseingriff

Im Fall eines schwerwiegenden Grundrechtseingriffs ist wegen Art. 19 IV GG ein Feststellungsinteresse auch dann zu bejahen, wenn mangels Öffentlichkeitsbezug keine diskriminierende Wirkung im engeren Sinn vorlag. 320

> **Bsp.:** *Eingriffe in Art. 2 II, 10, 11, 13, GG*

4. Vorbereitung eines Amtshaftungsprozesses

Vorbereitung eines Amtshaftungsprozesses

In dieser Fallgruppe erstrebt der Kläger die Feststellung der Rechtswidrigkeit, um damit einen Amtshaftungsprozess vorzubereiten. Hier sind nach heute h.M. zwei Konstellationen zu unterscheiden: 321

a) Erledigung des VA oder des Klagebegehrens nach Klageerhebung

bei Erledigung nach Klageerhebung u.U. (+)

Bei dieser Fallvariante ergibt sich aus dem Wunsch, später einen Amtshaftungsprozess führen zu wollen, ein Feststellungsinteresse, wenn dieser Prozess mit hinreichender Sicherheit zu erwarten ist und nicht offensichtlich aussichtslos erscheint. 322

hemmer-Methode: Hintergrund dieses Feststellungsinteresses ist die Prozessökonomie und der Gedanke des Fruchterhaltes.
Erledigt sich der VA bspw. erst nach einer umfassenden Beweisaufnahme, würden deren Ergebnisse vollkommen verloren gehen, wenn das VG kein Sachurteil erlassen dürfte, sondern das Verfahren wegen Erledigung einstellen müsste. Das für den Amtshaftungsanspruch nach Art. 34 S. 3 GG, § 40 II VwGO zuständige Zivilgericht müsste die gleiche Beweisaufnahme dann nochmals durchführen. Dies ist nicht nur dem Bürger unzumutbar, sondern widerspricht auch dem Grundsatz der Prozessökonomie.
Vergleichbar der Vorbereitung des Amtshaftungsprozesses ist der Fall, in dem der Kläger durch seine FFK künftige Kostenerstattungsansprüche des Staates mit dem Argument abwehren will, dass die staatliche Maßnahme rechtswidrig war. In diesem Fall spricht man allgemein von Präjudiziabilität.

b) Erledigung des VA oder des Klagebegehrens vor Klageerhebung

anfängliche Erledigung: str.

In diesem Fall ist strittig, ob die Vorbereitung eines Amtshaftungsprozesses als taugliches Feststellungsinteresse anzusehen ist. 323

aber nach h.M. (-)

Die überwiegende Auffassung verneint dies aus Gründen der Prozessökonomie. 324

Das Zivilgericht kann die Rechtswidrigkeit des erledigten VA im Rahmen seiner Vorfragenkompetenz nach § 17 II GVG selbst klären. Der Bürger hat auch keinen Anspruch auf den sachnäheren Richter.

V. Erforderlichkeit eines Vorverfahrens

Erforderlichkeit eines Vorverfahrens

Insoweit ist zwischen der direkten und der analogen Anwendung des § 113 I S. 4 VwGO zu unterscheiden. 325

1. Direkte Anwendung des § 113 I S. 4 VwGO

bei Erledigung nach Klageerhebung (+)

Im Fall der direkten Anwendung des § 113 I S. 4 VwGO herrscht Einigkeit, dass die Erhebung eines Widerspruchs zwingend erforderlich war. Ist dies nicht ordnungsgemäß und fristgerecht erfolgt, war der VA im Zeitpunkt seiner Erledigung bereits bestandskräftig, eine Aufhebung käme nicht mehr in Frage. 326

Die ursprüngliche Klage war bereits unzulässig, sodass sie auch nicht mehr „fortgesetzt" werden kann.

2. Analoge Anwendung des § 113 I S. 4 VwGO

Erledigung vor oder nach Ablauf der Widerspruchsfrist

Hier ist weiter zu unterscheiden, ob die Erledigung vor oder nach Ablauf der Widerspruchsfrist eintritt. 327

a) Erledigung nach Ablauf der Widerspruchsfrist

Widerspruch darf nicht verfristet sein

In diesem Fall muss unstreitig fristgerecht Widerspruch eingelegt worden sein. Andernfalls war bereits Bestandskraft eingetreten und die (potenzielle) Anfechtungsklage im Zeitpunkt der Erledigung bereits unzulässig. Durch die Erledigung wird hieraus keine zulässige Fortsetzungsfeststellungsklage. 328

hemmer-Methode: Merken Sie sich die Grundregel: War zum Zeitpunkt der Erledigung eine Anfechtungsklage bereits unzulässig, ist nach Erledigung auch keine Fortsetzungsfeststellungsklage möglich. Die Erledigung führt niemals zu einer Erweiterung des Rechtsschutzes. Tritt die Erledigung deshalb nach Ablauf der Widerspruchsfrist ein, muss unstreitig fristgerecht Widerspruch erhoben worden sein. Sollten Sie sich in einer Klausur in Fragen des Vorverfahrens oder der Klagefrist einmal nicht sicher sein, werden Sie mit dieser Grundregel immer zu vertretbaren Ergebnissen gelangen.

b) Erledigung vor Ablauf der Widerspruchsfrist

Erledigung vor Ablauf der Widerspruchsfrist str.

In dieser Konstellation der analogen Anwendung des § 113 I S. 4 VwGO herrscht Streit, ob noch ein Widerspruchsverfahren durchgeführt werden muss. 329

hemmer-Methode: Halten Sie die beiden Sachverhaltsvarianten streng auseinander. Den jetzt folgenden Streit bei der oben genannten Alternative auszubreiten, wäre grob verfehlt, Sie würden den Korrektor mit solchen Ausführungen allenfalls ermüden.

Soweit in Ihrem Bundesland nach § 68 I S. 2 HS 1 VwGO das Vorverfahren ohnehin aufgrund spezialgesetzlicher Bestimmung entfällt, ist der Meinungsstreit selbstverständlich überflüssig. Wenn schon bei der Anfechtungsklage kein Vorverfahren stattfindet, gilt dies natürlich erst recht für die Fortsetzungsfeststellungsklage.

h.M. (-), da keine Aufhebung mehr möglich

a) Nach wohl überwiegender Ansicht (insbesondere des BVerwG in st. Rspr.) ist ein Vorverfahren nicht durchzuführen, wenn die Erledigung vor Ablauf der Widerspruchsfrist eingetreten ist. Dies ergibt sich aus dem Zweck des Vorverfahrens, das auf die Aufhebung oder Änderung eines VA gerichtet ist. 330

Dieser Aufhebungszweck kann nicht mehr erreicht werden. Eine Feststellungsentscheidung ist innerhalb des Widerspruchsverfahrens gesetzlich nicht vorgesehen.

a.A. (+)

b) Nach anderer Ansicht ist auch hier das Widerspruchsverfahren durchzuführen, da der Zweck dieses Verfahrens in der Selbstkontrolle der Verwaltung liegt und auch ein feststellender Widerspruchsbescheid ergehen könne. 331

Dafür wird insbesondere § 44 V VwVfG herangezogen, der eine Feststellungsentscheidung der Verwaltung normiert.

hemmer-Methode: In einer Klausur sollte der h.M. gefolgt werden. Schlagendes Argument ist letztlich auch die Tatsache, dass ein Feststellungsurteil eines Gerichts eine weiter reichende Wirkung entfaltet als eine entsprechende Behördenentscheidung. Ein besonderes Ausbreiten dieses Streits in einer Klausur ist nur dann angebracht, wenn im Sachverhalt darauf hingewiesen wird, etwa bei einer Rüge der Unzulässigkeit der Klage durch den Beklagten.

VI. Klagefrist

Klagefrist: bei Erledigung nach Klageerhebung erforderlich

Bei der Frage nach der Frist für die Fortsetzungsfeststellungsklage ist zu differenzieren: I.R.d. direkten Anwendung des § 113 I S. 4 VwGO – Erledigung erst nach Klageerhebung – muss die Frist zur Erhebung dieser Klage zweifelsohne eingehalten werden. Ein bestandskräftiger VA kann nicht deshalb erfolgreich angegriffen werden, weil er sich irgendwann erledigt hat. 332

hemmer-Methode: Wieder kommen Sie mit der Anwendung des Grundsatzes „Eine unzulässige Anfechtungsklage wird mit Erledigung nicht zu einer zulässigen Fortsetzungsfeststellungsklage“ zum richtigen Ergebnis!

bei anfänglicher Erledigung str.

Ob auch bei der analogen Anwendung des § 113 I S. 4 VwGO – Erledigung vor Ablauf der Klagefrist – eine Klagefrist eingehalten werden muss, ist hingegen strittig. 333

Eine Ansicht wendet § 74 I S. 2[112] VwGO analog an. Begründet wird dies hauptsächlich mit dem Charakter der Fortsetzungsfeststellungsklage als fortgesetzter Anfechtungs- oder Verpflichtungsklage, für die gerade § 74 VwGO gilt. 334

Nach anderer Ansicht (h.M.) ist in den Vordergrund zu stellen, dass es sich bei der Fortsetzungsfeststellungsklage von ihrem Charakter und ihrem Urteilstenor her um eine Feststellungsklage handelt, für die es keine Fristbindung gibt. 335

Hauptbegründung ist Sinn und Zweck der Fristvorschriften bei Anfechtungs- und Verpflichtungsklagen. Diese sollen zur Bestandskraft des VA und damit zu Rechtssicherheit führen.

Da aber ein erledigter VA nicht mehr in Rechtskraft erwachsen kann, bedarf es auch keiner Rechtssicherheit mehr, die durch einen Fristablauf hergestellt werden müsste. Deswegen könne der Gesichtspunkt der materiellen Gerechtigkeit, die sonst zugunsten der Rechtssicherheit eingeschränkt werden kann, voll zur Geltung kommen. Eine zu lange Zeitspanne zwischen Erledigung des VA und Klageerhebung kann sich wegen der möglichen Verwirkung nicht ergeben. 336

hemmer-Methode: Der Meinungsstreit wird in einer Klausur nur selten eine Rolle spielen. In den meisten Fällen wird man schon wegen § 58 II VwGO eine Entscheidung des Streits vermeiden können. Daher sollte lediglich formuliert werden, dass es „zwar strittig ist, ob bei der Fortsetzungsfeststellungsklage eine Klagefrist analog § 74 I VwGO einzuhalten ist, was von einer Ansicht mit den Argumenten verneint wird, dass ... . Dieser Streit kann hier jedoch offen bleiben, da dann zumindest die Jahresfrist des § 58 II VwGO einschlägig wäre. Diese ist hier offensichtlich noch nicht abgelaufen."

B) Begründetheit der Fortsetzungsfeststellungsklage

Obersatz (abhängig von ursprünglicher Klagesituation)

Der einleitende Obersatz richtet sich nach der ursprünglich erhobenen Klage. Handelte es sich um eine Anfechtungsklage, so ist auf § 113 I S.1 VwGO abzustellen. Die Klage ist begründet, wenn der VA rechtswidrig war und den Kläger in seinen Rechten verletzt hat. 337

[112] Besteht man auf der Durchführung eines Widerspruchsverfahrens, ist § 74 I S. 1 VwGO analog zu zitieren.

Handelt es sich ursprünglich um eine Verpflichtungsklage, ist die Fortsetzungsfeststellungsklage entsprechend § 113 V VwGO begründet, wenn die Ablehnung des VA rechtswidrig war und den Kläger in seinen Rechten verletzt hat.

I. Lag ursprünglich die Situation der Anfechtungsklage vor, so ist die Fortsetzungsfeststellungsklage begründet, wenn der VA rechtswidrig war und den Kläger in seinen Rechten verletzte, § 113 I S. 1 u. S. 4 VwGO. Die weitere Begründetheitsprüfung erfolgt dann wie unter Rn. 154 ff. *338*

II. Für die Situation der Verpflichtungsklage orientiert sich der Prüfungsaufbau an Rn. 287 ff. *339*

§ 6 Allgemeine Leistungsklage[113]

A) Zulässigkeit der Klage

I. Eröffnung des Verwaltungsrechtswegs

oft Probleme i.R.d. § 40 VwGO

Innerhalb dieser Klage kommt es häufig bereits zu Problemen innerhalb des Prüfungspunktes „Eröffnung des Verwaltungsrechtswegs". Dies ergibt sich daraus, dass mit ihrer Hilfe anderes Verwaltungshandeln als ein Verwaltungsakt begehrt wird, dessen Rechtscharakter oft nicht so leicht feststellbar ist. 340

Wird eine vertragliche Leistung begehrt, muss zwischen einem zivilrechtlichen und einem öffentlich-rechtlichen **Vertrag** abgegrenzt werden. Maßgeblich dafür ist der Vertragsinhalt. Gehört dieser zu einer Materie, die gesetzlich im öffentlichen Recht geregelt ist, liegt ein öffentlich-rechtlicher Vertrag vor.

hemmer-Methode: Beachten Sie, dass allein aus der Mitwirkung einer Behörde noch nicht auf den öffentlich-rechtlichen Charakter geschlossen werden kann. Vielmehr kann auch eine Behörde rein privatrechtlich tätig werden, so etwa im Bereich der fiskalischen Hilfsgeschäfte (Kauf von Bleistiften für die Stadtverwaltung) sowie i.R.d. Erwerbswirtschaft (bspw. dem Betrieb einer gemeindeeigenen Brauerei).

Widerruf/Unterlassung

Wird der Widerruf einer Äußerung oder das Unterlassen einer Handlung begehrt, so kommen als Anspruchsgrundlage zwei Rechtssätze in Betracht: 341

- der zivilrechtliche Widerrufs- und Unterlassungsanspruch analog §§ 1004, 823 I BGB, oder
- der ungeschriebene öffentlich-rechtliche Widerrufs- und Unterlassungsanspruch.

Kehrseitentheorie

Nach der „Kehrseitentheorie" des BVerwG entspricht der Charakter des Widerrufsanspruchs dem Charakter des zu widerrufenden Verhaltens. 342

Eine öffentlich-rechtliche Äußerung kann nur öffentlich-rechtlich widerrufen werden. In diesen Fällen muss daher innerhalb des § 40 I VwGO darauf abgestellt werden, in welchem Zusammenhang eine Äußerung gefallen ist.

[113] Ausführlich **Hemmer/Wüst, Verwaltungsrecht II, Rn. 163 ff.**

hemmer-Methode: Das Problem liegt hier darin, dass es sich bei den Äußerungen um Realakte handelt. Es kann daher bei der Zuordnung nicht wie üblich auf die Rechtsgrundlage abgestellt werden. Stattdessen muss nach dem Sachzusammenhang gefragt werden.

Bsp. 1: *Der Bundesgesundheitsminister warnt in öffentlichen Auftritten beständig vor den Gefahren des Rauchens.*

Bsp. 2: *Der städtische Beamte B erzählt abends in der Kneipe seinen Stammtischbrüdern, der Unternehmer X habe die Gemeinde „über den Tisch ziehen wollen".*

Im ersten Beispiel liegt klar ein öffentlich-rechtlicher Zusammenhang vor. Die Wirkung einer solchen Warnung stützt sich bspw. zu einem großen Teil auf die Amtsautorität des Ministers. Die Äußerung im zweiten Beispiel hingegen hätte jeder andere der Stammtischbrüder auch tätigen können. Hier fehlt es an einem Zusammenhang mit öffentlicher Tätigkeit, sodass eine Zivilrechtsstreitigkeit vorliegt.

hemmer-Methode: Vergleichen Sie hierzu Fall 39 in „Die 44 wichtigsten Fälle zum Verwaltungsrecht" von Hemmer/Wüst.

II. Klageart

Ziel: anderes Verwaltungshandeln als ein Verwaltungsakt

Begehrt wird ein Verwaltungshandeln, das kein Verwaltungsakt ist (Leistungs-Vornahme-Klage) oder eine Abwehr eines staatlichen Zugriffs durch die Geltendmachung eines Unterlassungsanspruchs (Leistungs-Unterlassungs-Klage). Die Leistung der Behörde darf in Abgrenzung zur Verpflichtungsklage gerade nicht im Erlass eines VA liegen (dazu oben Rn. 266 ff.). 343

hemmer-Methode: Erwähnt werden sollte in einer Klausur auch, dass die Leistungsklage im Gesetz nicht ausdrücklich geregelt wurde. Die Formulierung in der Klausur nach der Feststellung des Klagebegehrens könnte etwa lauten: „In Betracht kommt dafür die Erhebung einer allgemeinen Leistungsklage. Diese ist in der VwGO nicht besonders geregelt, wird aber in zahlreichen Vorschriften, etwa in §§ 43 II, 111, 113 IV VwGO, als selbstverständlich bestehend vorausgesetzt."

***Bsp.:** Auskunftserteilung, Folgenbeseitigung, Unterlassung bestimmten Verwaltungshandelns, Leistungs- und Ersatzansprüche aus Verwaltungsverträgen, insbesondere Klagen auf Erfüllung oder auf Schadensersatz bei Scheitern eines Vertrages.*

hemmer-Methode: Bei allen auf eine Geldzahlung gerichteten Klagen ist aber darauf zu achten, ob es sich um einen unmittelbaren Zahlungsanspruch handelt. Sieht das Gesetz vor der Zahlung eine Festsetzung der Leistung durch die Behörde vor, muss Verpflichtungsklage auf Erlass dieses VA erhoben werden (dazu oben Rn. 273).

III. Klagebefugnis, § 42 II VwGO analog

§ 42 II VwGO analog

Nach ganz überwiegender Ansicht, die Popularklagen verhindern möchte, ist eine analoge Anwendung des § 42 II VwGO erforderlich. *344*

Zu formulieren ist dieser Punkt wie bei der Verpflichtungsklage, d.h. es ist auf einen möglichen **Anspruch** abzustellen.

IV. Vorverfahren, §§ 68 ff. VwGO

grds. kein Vorverfahren

Ein solches ist bei der Leistungsklage nicht durchzuführen. Eine Ausnahme gilt gem. § 126 II BBG in beamtenrechtlichen Streitigkeiten. *345*

V. Klagefrist

keine Frist

Auch die Einhaltung einer Klagefrist ist bei der allgemeinen Leistungsklage nicht vorgesehen. Zu achten ist lediglich auf die Grenze der Verwirkung (dazu oben Rn. 137 ff.). *346*

VI. Rechtsschutzbedürfnis

allgemeines Rechtsschutzbedürfnis

Das Rechtsschutzbedürfnis fehlt regelmäßig dann, wenn der Kläger sein Ziel auf einem anderen, außergerichtlichen Weg leichter und schneller erreichen kann. *347*

Innerhalb der allgemeinen Leistungsklage ist das Rechtsschutzbedürfnis vor allem in zwei typischen Fällen zu problematisieren:

1. Klage der Behörde gegen den Bürger

Bürgerverurteilungsklage

Dieser Fall tritt auf, wenn eine Behörde mit einem Bürger einen öffentlich-rechtlichen Vertrag geschlossen hat, in dem sich der Bürger zur Erbringung einer bestimmten Geldleistung verpflichtet hat. Nachdem der Bürger die Zahlung verweigert, erhebt die Behörde gegen ihn Klage. 348

Ziel einer solchen Klage ist letztlich, sich einen gerichtlichen Titel zu verschaffen und seinen Anspruch im Wege der Zwangsvollstreckung zu realisieren, §§ 167 ff. VwGO. 349

Einen solchen Titel stellt aber auch ein VA dar. Diesem kommt, soweit er eine Leistungspflicht des Bürgers enthält, **Titelfunktion** zu. Dies bedeutet, dass die Behörde aus ihren VAen ohne die Zuhilfenahme eines Gerichts nach den Gesetzen über die Verwaltungsvollstreckung[114] eigenständig vollstrecken kann.

einfacherer Weg durch Leistungsbescheid

Dementsprechend ließe sich argumentieren, dass der Behörde für eine Klage gegen den Bürger das Rechtsschutzbedürfnis fehlt, weil sie auf einem einfacheren und schnelleren Weg – nämlich über den Erlass eines VA – ebenfalls an einen Titel kommt. 350

(-), soweit sich Behörde durch öff.-r. Vertrag auf eine Stufe mit Bürger gestellt hat

Gegen diese Argumentation ist aber einzuwenden, dass eine Behörde, die einen öffentlich-rechtlichen **Vertrag** mit dem Bürger geschlossen hat, sich in diesem Regelungskomplex auf die Ebene der Gleichordnung begeben und damit keinen Verwaltungsakt mehr erlassen darf. Die Behörde muss sich an die vertraglichen „Spielregeln" halten und deshalb für die Durchsetzung den Weg über die Gerichte wählen. Das Rechtsschutzbedürfnis ist in diesen Fällen also zu bejahen.[115] 351

2. Vorbeugende Unterlassungsklage

vorbeugende Unterlassungsklage

Bei der vorbeugenden Unterlassungsklage wehrt sich der Bürger gegen Verwaltungshandeln, das noch nicht stattgefunden hat, sondern erst in der Zukunft (möglicherweise) stattfinden wird.

Hier ist zunächst klarzustellen, dass es sich beim vorbeugenden (präventiven) Rechtsschutz um eine Ausnahme vom Rechtsschutzsystem der VwGO handelt, da dieses vom Regelfall des repressiven Rechtsschutzes ausgeht. 352

---

[114] Des Bundes und der Länder.

[115] Vgl. BVerwG, Urteil vom 03.03.2011, 3 C 19/10 = **Life&Law 2011, 655:** In diesem Fall durfte ausnahmsweise ein vertraglicher Anspruch durch Verwaltungsakt durchgesetzt werden, da dies bereits vertraglich vereinbart war!

Zunächst muss der Bürger einen Eingriff über sich ergehen lassen, dann kann er sich gegen ihn zur Wehr setzen. Hintergrund ist auch hier wieder die Gewaltenteilung (dazu oben Rn. 187). Die Gerichte dürfen grundsätzlich nur abgeschlossenes Verwaltungshandeln überprüfen, nicht aber in laufendes Verwaltungshandeln eingreifen.

nur in Ausnahmefällen zulässig

Daher müssen besondere Gründe vorliegen, die es rechtfertigen, den VA oder die behördliche Handlung nicht abzuwarten, bevor der Rechtsschutz eingreift. Dies liegt insbesondere in den Fällen der Gefahr faktischen Vollzugs, fehlender Angemessenheit oder Effektivität repressiven Rechtsschutzes vor, oder wenn der Rechtsschutz nur über eine Anfechtung einer Vielzahl von VAen erreicht werden könnte. Dabei ist vor allem bei Klagen, die auf die Unterlassung eines bestimmten VA gerichtet sind, Vorsicht geboten, da hier die VwGO über die aufschiebende Wirkung von Widerspruch und Anfechtungsklage, § 80 I VwGO, einen sehr wirkungsvollen repressiven Rechtsschutz zur Verfügung stellt. 353

hemmer-Methode: Der vorbeugende Rechtsschutz ist nicht zu verwechseln mit dem vorläufigen (= einstweiligen) Rechtsschutz. Zwar handelt es sich jeweils regelmäßig um eine Eilentscheidung, allerdings trifft der vorbeugende Rechtsschutz eine endgültige Regelung, der einstweilige Rechtsschutz nur eine Übergangslösung bis zum Ausgang der Hauptsache.

VII. Sonstige Zulässigkeitsvoraussetzungen

wie bei Anfechtungsklage

Es sind dieselben weiteren Prozessvoraussetzungen anzusprechen wie bei Anfechtungs- und Verpflichtungsklage, also etwa die Beteiligten- und Prozessfähigkeit oder die Frage der ordnungsgemäßen Klageerhebung. 354

B) Begründetheit der allgemeinen Leistungsklage

Obersatz

Der Obersatz wird grundsätzlich wie bei der Verpflichtungsklage formuliert, wobei auf den geltend gemachten Anspruch abzustellen ist. Dieser sollte wie folgend lauten: 355

„Die Klage ist begründet, wenn dem Kläger der behauptete Anspruch zusteht."

besteht Anspruch?

Im Folgenden ist zu entscheiden, ob der geltend gemachte Anspruch besteht. Insbesondere sind hier also die Voraussetzungen von Vertragsansprüchen oder Folgenbeseitigungs- bzw. Erstattungsansprüchen zu prüfen. 356

I. Folgenbeseitigungsanspruch

Beseitigung eines rechtswidrigen Zustands

Der Folgenbeseitigungsanspruch (FBA) richtet sich auf die Beseitigung eines rechtswidrigen Zustands, der auf eine hoheitliche Handlung zurückzuführen ist. 357

> **Bsp.:** *Bei Straßenbauarbeiten wird das Haus eines Anwohners beschädigt.*

Gesetzlich ist dieser Anspruch nicht geregelt, er wird allerdings in § 113 I S. 2 VwGO als bestehend vorausgesetzt. Ist ein rechtswidriger VA vollzogen, kann die Rückgängigmachung des Vollzugs i.R.e. Annexantrags zur Anfechtungsklage verlangt werden.

Herleitung des FBA

Die **Herleitung des FBA** ist umstritten. Vertreten wird hier u.a. eine Analogie zu § 1004 BGB, ein Anspruch aus den einschlägigen Grundrechten als Abwehrrechten, eine Ableitung aus dem Rechtsstaatsprinzip sowie ein Rückgriff auf Gewohnheitsrecht. Im Ergebnis kann die genaue Anspruchsgrundlage offengelassen werden, da Einigkeit über die Existenz und die folgenden Anspruchsvoraussetzungen besteht. 358

- ⇨ hoheitlicher Eingriff in subjektives Recht
- ⇨ dadurch geschaffener, andauernder Zustand
- ⇨ Rechtswidrigkeit des Zustandes (entfällt bei Duldungspflicht bspw. aus Gesetz oder VA)
- ⇨ technische und rechtliche Möglichkeit sowie Zumutbarkeit der Beseitigung des Zustands
- ⇨ Mitverschulden, § 254 BGB analog (h.M.)

Rechtsfolge des FBA ist die Wiederherstellung des ursprünglichen Zustands. 359

hemmer-Methode: Der FBA ist das Thema von Fall 40 in „Die 44 wichtigsten Fälle zum Verwaltungsrecht“ von Hemmer/Wüst.

II. Vertragsansprüche

öff.-r. Vertrag

Für Ansprüche aus einem öffentlich-rechtlichen Vertrag kann grundsätzlich auf den aus dem Zivilrecht bekannten Aufbau zurückgegriffen werden. 360

Zu prüfen ist demnach, ob der öffentlich-rechtliche Vertrag ordnungsgemäß durch zwei übereinstimmende Willenserklärungen zustande gekommen und im Übrigen wirksam ist.

Im Einzelnen kann folgendermaßen vorgegangen werden:

1. Vorliegen eines Vertrages

Abgrenzung zum mitwirkungsbedürftigen VA

Hier kann sich das Abgrenzungsproblem zu einem mitwirkungsbedürftigen VA stellen, bei dem der Bürger ebenfalls beteiligt ist, insbesondere durch eine notwendige Antragstellung. Der Unterschied liegt darin, dass bei einem VA der Bürger zu einer vorgegebenen Regelung seine Zustimmung erteilen soll, sonst fehlt dem VA eine Rechtmäßigkeitsvoraussetzung. Bei einem Vertrag kann der Bürger dagegen auf den Inhalt der Regelung zumindest theoretisch Einfluss nehmen. **361**

hemmer-Methode: Beachten Sie, dass das Kriterium der „Einflussnahme" auf den Vertragsinhalt nicht zu wörtlich genommen werden darf. Auch im öffentlichen Recht gibt es zahlreiche vorformulierte Verträge, deren Regelungsgehalt akzeptiert werden muss, ohne dass eine Veränderung verhandelbar ist. Dennoch wird es sich um eine vertragliche Regelung handeln, wenn im Sachverhalt von „schriftlicher Vereinbarung", „Übereinkunft", „Vergleich" etc. die Rede ist.

2. Zustandekommen des Vertrages

Vertragsschluss

Das Zustandekommen des öffentlich-rechtlichen Vertrages richtet sich nach den aus dem Zivilrecht bekannten Grundsätzen von Angebot und Annahme (vgl. §§ 145 ff. BGB), § 62 S. 2 VwVfG. **362**

3. Wirksamkeit des Vertrages

Nichtigkeitsgrund i.S.d. § 59 VwVfG

Der Vertrag ist – auch wenn er rechtswidrig ist – wirksam, wenn kein Nichtigkeitsgrund im Sinne des § 59 VwVfG eingreift. Allerdings knüpft § 59 VwVfG an die Rechtswidrigkeit des Vertrages an, sodass zunächst diese Rechtswidrigkeit geprüft werden kann, um so dann im Anschluss daran ggf. die Rechtsfolge der Rechtswidrigkeit festzustellen. **363**

hemmer-Methode: Aus diesem Grund wäre es dogmatisch am genauesten, ausgehend von den Nichtigkeitsgründen des § 59 VwVfG eventuelle Fehler zu suchen.

Übersichtlicher ist es allerdings, wenn Sie – nachdem Sie § 59 VwVfG als Nichtigkeitsgrund erwähnt haben – zunächst die Rechtswidrigkeit des Vertrages prüfen und sich dann fragen, ob das Gesetz an diese Rechtswidrigkeit in § 59 VwVfG die Rechtsfolge der Nichtigkeit knüpft.

a) Formelle Rechtmäßigkeit des Vertrages

formelle Rechtmäßigkeit

Wie bei der Prüfung der Rechtmäßigkeit eines VA ist auch hier die Zuständigkeit der am Vertrag beteiligten Behörde für den Regelungsgehalt des Vertrages zu klären, außerdem die Frage nach einem rechtmäßigen Verfahren. 364

Dabei ist hier wieder an das Verfahren etwa im Gemeinderat zu denken, sowie an die Einhaltung der vorgeschriebenen Form, wobei insbesondere §§ 57, 58 VwVfG zu beachten sind.

hemmer-Methode: Auch wenn es um einen öffentlich-rechtlichen Vertrag geht, sollten Sie ruhig in zivilrechtlichen Bahnen denken. Liegt bei Vertragsschluss ein Willensmangel vor, so finden über § 62 S. 2 VwVfG die Vorschriften der §§ 116 ff. BGB Anwendung.

b) Materielle Rechtmäßigkeit des Vertrages

aa) Vertragsformverbot

materielle Rechtmäßigkeit
Vertragsformverbot

Geklärt werden muss zuerst, ob der Vertrag als solcher in dem Rechtsgebiet, in dem die Regelung erfolgt ist, überhaupt gesetzlich zugelassen ist (sog. „Vertragsformverbot“). 365

Dabei ist zu beachten, dass § 54 S. 1 VwVfG den Vertrag generell zulässt, d.h. es muss sich eine klare Regelung oder eine eindeutige Gesetzesauslegung finden, wenn der Vertrag verboten sein soll.

hemmer-Methode: Das Vertragsformverbot ist eine Frage der materiellen Rechtmäßigkeit und hat nichts mit der formellen Rechtmäßigkeit, vgl. insbes. § 57 VwVfG, zu tun.

Solche Verbote ergeben sich z.B. 366

- ⇨ im Abgabenrecht,
- ⇨ bei Prüfungsentscheidungen,
- ⇨ im Beamtenrecht oder
- ⇨ innerhalb der Bauleitplanung. Dort ergibt sich aus § 1 III S. 2 HS 2 BauGB, dass ein Anspruch auf eine Bauleitplanung auch nicht durch Vertrag begründet werden kann.

wenn (-): § 59 VwVfG i.V.m. § 134 BGB

Wird gegen das Vertragsformverbot verstoßen, so ist der Vertrag gemäß § 59 I VwVfG i.V.m. § 134 BGB nichtig (dazu unten Rn. 372). 367

bb) Vertragsinhalt

möglicher Inhalt

Nach § 54 S. 1 VwVfG kann ein Verwaltungsvertrag geschlossen werden, „soweit Rechtsvorschriften nicht entgegenstehen“. 368

Daraus folgt: Der Inhalt des Vertrages darf nicht gegen höherrangiges Recht verstoßen; er muss mit dem geltenden Recht in Einklang stehen (Vorrang des Gesetzes, dazu oben Rn. 160). Der Grundsatz vom Vorbehalt des Gesetzes gilt allerdings nicht.

hemmer-Methode: Insbesondere die Grundrechte erfordern hier keinen Gesetzesvorbehalt. Auch wenn der Bürger im Vertrag zu einer Leistung verpflichtet wird, stellt dies keinen grundrechtsrelevanten Eingriff dar. Vielmehr verkörpert der freiwillige Vertragsschluss gerade die Ausübung der (Freiheits-)Grundrechte.

Abweichungen von der Rechtsordnung sind allein nach Maßgabe des § 55 VwVfG (Vergleichsvertrag) zulässig. Wird zur Beseitigung einer rechtlichen oder tatsächlichen Ungewissheit ein Vertrag im Wege des gegenseitigen Nachgebens geschlossen, so ist dieser auch dann rechtmäßig, wenn sich später herausstellt, dass der Vergleich mit der tatsächlichen Rechts- oder Sachlage nicht vereinbar ist. 369

§ 56 VwVfG für Leistung des Bürgers

Während die Behördenleistung allein am Vorrang des Gesetzes zu beurteilen ist, muss sich eine eventuelle Bürgerleistung zudem noch an § 56 VwVfG messen lassen. 370

hemmer-Methode: Machen Sie nie den Kardinalfehler, die Behördenleistung an § 56 VwVfG zu messen. Dies würde als Verständnisfehler und besonders schwerwiegend bewertet werden.

Die Bürgerleistung muss demnach 371

- für einen bestimmten Zweck im Vertrag vereinbart werden,
- der Behörde zur Erfüllung ihrer Aufgaben dienen,
- angemessen sein **und**
- im sachlichen Zusammenhang mit der Behördenleistung stehen.

c) Rechtsfolge der Rechtswidrigkeit

Nichtigkeit

Rechtsfolgen im Hinblick auf eine aus dem Vertrag folgende Leistung können nur dann nicht mehr abgeleitet werden, wenn der Vertrag nichtig ist, d.h. wenn der festgestellte Mangel so schwerwiegend ist, dass er zu einem Nichtigkeitsgrund i.S.d. § 59 VwVfG führt. Dabei sind zunächst die speziellen Nichtigkeitsgründe des § 59 II VwVfG zu prüfen, bevor § 59 I VwVfG i.V.m. Vorschriften des BGB untersucht wird. 372

hemmer-Methode: Nicht jeder rechtswidrige öffentlich-rechtliche Vertrag ist also auch nichtig. Die Nichtigkeit tritt vielmehr nur bei Fehlern ein, welche unter § 59 VwVfG subsumiert werden können. Allerdings gilt über § 59 I VwVfG auch § 134 BGB entsprechend, sodass man bei jedem Verstoß gegen ein Verbotsgesetz zur Nichtigkeit gelangen könnte. Dies würde aber die Aufzählung des § 59 II VwVfG überflüssig machen. Wann § 59 I VwVfG i.V.m. § 134 BGB angewendet werden darf, ist deshalb weithin ungeklärt. Letztlich sollten Sie hier in der Klausur abwägen, ob der Mangel des Vertrages so schwer wiegt, dass die Annahme der Nichtigkeit gerechtfertigt erscheint oder nicht.
Verträge, die zwar rechtswidrig, aber nicht nichtig sind, können anders als „schlicht rechtswidrige" VAe nicht durch eine Klage aus der Welt geschafft werden. Sie sind vielmehr vollumfänglich wirksam. Allein über § 60 VwVfG (lesen!), der § 313 I BGB (Störung der Geschäftsgrundlage) entspricht, ist unter Umständen eine Vertragsanpassung oder Kündigung möglich.

§ 7 Allgemeine Feststellungsklage[116]

A) Zulässigkeit der allgemeinen Feststellungsklage

I. Eröffnung des Verwaltungsrechtswegs

streitentscheidende Normen

Auch hier ist im Rahmen des § 40 I S. 1 VwGO insbesondere zu prüfen, ob eine öffentlich-rechtliche Streitigkeit vorliegt. Anzuwenden ist das vorrangige Kriterium der streitentscheidenden Vorschriften. 373

II. Klageart

Feststellungsklagen

Das Klagebegehren bei einer Feststellungsklage betrifft entweder die Feststellung des Bestehens („positive" Feststellungsklage) oder Nichtbestehens („negative" Feststellungsklage) eines Rechtsverhältnisses oder der Nichtigkeit eines VA. Die allgemeine Feststellungsklage ist eine eigenständige Klageart, welche in § 43 VwGO geregelt ist. 374

1. Rechtsverhältnis

Begriffsbestimmung

Der Begriff des Rechtsverhältnisses ist grundsätzlich weit auszulegen. Es liegt immer vor, wenn es um die sich aus einer Rechtsnorm des öffentlichen Rechts ergebenden rechtlichen Beziehungen zwischen einer Person zu einer anderen Person oder zu einer Sache geht. Rechtsbeziehungen zu einer Sache spielen nur dann eine Rolle, wenn sie Beziehungen zu anderen Personen vermitteln. Dabei muss der Kläger innerhalb der Zulässigkeit der Klage das Rechtsverhältnis schlüssig darlegen. 375

Das **Rechtsverhältnis muss hinreichend konkret** sein, d.h. es muss ein bestimmter, bereits überschaubarer Sachverhalt vorliegen, dessen Rechtsfolgen festgestellt werden sollen. Das sich daraus ergebende Rechtsverhältnis oder einzelne daraus resultierende Rechte und Pflichten müssen streitig, d.h. vom Prozessgegner bestritten sein, oder der Prozessgegner muss sich des Rechtsverhältnisses oder einzelner Rechte oder Pflichten daraus „berühmen". Der Streit über **abstrakte Rechtsfragen** reicht dafür nicht aus.[117] 376

---

[116] Umfassend **Hemmer/Wüst, Verwaltungsrecht II, Rn. 292 ff.**

[117] Vgl. BVerwG, NVwZ 2007, 1428 = **Life&Law 2008, 329.**

Bspe.:

- *Feststellung der Genehmigungsfreiheit einer bestimmten Tätigkeit, z.B. eine Feststellungsklage im Straßenrecht, dass es sich bei der Ausübung etwa von Straßenkunst nicht um eine Sondernutzung handelt, oder eine Feststellungsklage im Baurecht, dass es für die Verwirklichung eines Vorhabens keiner Baugenehmigung bedarf.*

Beide Fälle setzen ein Verhalten der Behörde voraus, durch das der Betroffene aufgefordert werden soll, eine Genehmigung zu beantragen.

- *Feststellung der Mitgliedschaft in einer Körperschaft, z.B. des Status eines Gemeinderats.*

- *Feststellung, dass eine Zwangsmitgliedschaft z.B. in der Handwerkskammer nicht begründet wurde.*

2. Feststellung der Nichtigkeit eines VA

Nichtigkeitsfeststellung

Die Nichtigkeit des angegriffenen VA ist hier plausibel geltend zu machen, d.h. ein besonders schwerwiegender Mangel i.S.d. § 44 VwVfG ist zu behaupten. Ist die Nichtigkeit nicht auf Anhieb erkennbar, so ist auch zunächst die Erhebung einer Anfechtungsklage zulässig. Erst wenn sich die Nichtigkeit im Laufe des Prozesses herausstellt, muss der Kläger auf eine Nichtigkeitsfeststellungsklage umstellen, § 86 III VwGO. 377

hemmer-Methode: Das sichere Anwenden der Möglichkeiten der Auslegung des Klagebegehrens gem. § 88 VwGO und der Klageumstellung auf richterlichen Hinweis gem. § 86 III VwGO sollten Sie beherrschen. Die Grenzen zwischen den beiden Möglichkeiten sind fließend.
Sollte in einer Klausur ein Klageantrag gestellt werden, aus dem sich nicht eindeutig ergibt, was der Kläger erreichen will, oder wird der Klageantrag reduziert auf ein „Weniger" (z.B. von Anfechtungs- auf Feststellungsklage), so sollte der Weg über § 88 VwGO gewählt werden.
Wird dagegen ein präziser, nicht auslegungsfähiger Antrag gestellt oder der Klageantrag erweitert, dann bleibt der Weg über § 86 III VwGO. Es ist dann in der Klausur nach Feststellung der eigentlich richtigen Klageart auszuführen, dass „der Richter einen Hinweis gem. § 86 III VwGO geben wird, sodass nachfolgend von einer ... -klage ausgegangen werden kann."

III. Subsidiarität, § 43 II S. 1 VwGO

Subsidiarität

Die Subsidiarität gilt zwar auch gegenüber der allgemeinen Leistungsklage, sie ist aber insbesondere gegenüber Anfechtungs- und Verpflichtungsklagen zu beachten, da sie dort den Zweck hat, eine Umgehung der strengeren Prozessvoraussetzungen dieser Klagearten zu verhindern. 378

1. Rechtsfolge der Subsidiarität

Folge: u.U. Unzulässigkeit

Die Feststellungsklage ist unzulässig, wenn der Kläger den von ihm verfolgten Zweck mit einer anderen, von der VwGO vorgesehenen Klage ebenso gut oder besser erreichen kann. 379

hemmer-Methode: Vor einer Abweisung als unzulässig muss allerdings der Richter i.d.R. auf den Gesichtspunkt der Subsidiarität und der Möglichkeit einer Klageumstellung hinweisen, § 86 III VwGO.

Der Ausschluss gilt aber nur dann, wenn durch die anderen Klagemöglichkeiten Rechtsschutz in zumindest gleichem Umfang und mit gleicher Effektivität erreicht würde.

2. Ausnahmen von der Subsidiarität:

Ausnahmen

- Zunächst ist die gesetzlich geregelte Ausnahme des § 43 II S. 2 VwGO zu beachten. Wird die Feststellung der Nichtigkeit eines VA begehrt, so gibt es für die Erreichung dieses Klagezieles einzig und allein die Feststellungsklage, sodass eine Subsidiarität nicht eintreten kann. 380
- Der Kläger behauptet, Rechte auch ohne Rücksicht auf eine mit einer Verpflichtungsklage verfolgbare behördliche Genehmigung zu haben, z.B. indem er geltend macht, sein Verhalten bedarf keiner Erlaubnis. Er kann dann nicht aufgrund einer Subsidiaritätsregelung zur Beantragung einer Genehmigung gezwungen werden, die er nicht erstrebt.
- Eine mögliche Anfechtungsklage könnte nur zur Klärung von Teilfragen führen.
- Ohne Feststellung müssten eine Vielzahl von Anfechtungsprozessen geführt werden.

⇨ Eine Rechtsverfolgung durch eine andere Klage ist aus sonstigen Gründen unzumutbar.

str. bei Klage gg. Träger öff. Gewalt

Strittig ist die Rechtslage, wenn sich die Feststellungsklage gegen einen Träger der öffentlichen Gewalt richtet. 381

Nach einer Ansicht ist hier auf Art. 20 III GG abzustellen, wonach die öffentliche Hand an Gesetz und Recht gebunden ist und sich deshalb ohne weiteres an der gerichtlichen Feststellung orientieren wird. 328

Gegen diese Ansicht spricht neben dem eindeutigen Wortlaut, dass damit der Grundsatz der Subsidiarität weitgehend ausgehöhlt würde, da der Großteil aller Klagen vor den Verwaltungsgerichten gegen einen Träger der öffentlichen Gewalt gerichtet ist. 383

Zudem regeln §§ 170, 172 VwGO die Vollstreckung gegen die öffentliche Hand. Demnach ist also der Gesetzgeber selbst davon ausgegangen, dass sich auch die öffentliche Hand nicht immer freiwillig an ein Gerichtsurteil halten wird.

Keine Subsidiarität besteht auch im Verhältnis zur Normenkontrollklage gem. § 47 VwGO, da die beiden Rechtsschutzmittel völlig andere Zielsetzungen verfolgen. 384

Mit der Normenkontrolle wird die Feststellung der Ungültigkeit einer Rechtsvorschrift begehrt, § 47 V VwGO, mit der allgemeinen Feststellungsklage das (Nicht-)Bestehen eines konkreten Rechtsverhältnisses.

Die allgemeine Feststellungsklage ist auch dann möglich, wenn ihre Begründetheit von einer Inzidentprüfung einer nach § 47 VwGO überprüfbaren Norm abhängt. 385

hemmer-Methode: Die allgemeine Feststellungsklage ist in einem solchen Fall besonders dann interessant, wenn die Frist des § 47 II S. 2 VwGO für eine Normenkontrolle abgelaufen ist. Die allgemeine Feststellungsklage bleibt von diesem Fristablauf unberührt.

IV. Berechtigtes Interesse an der baldigen Feststellung, § 43 I VwGO

berechtigtes Interesse

Als berechtigtes Interesse gilt danach jedes nach vernünftigen Erwägungen anzuerkennende schutzwürdige Interesse auch rechtlicher, wirtschaftlicher oder ideeller (politischer, kultureller, religiöser) Art. Es muss nur hinreichend gewichtig sein. 386

Dazu ist auf die Interessenlage im Einzelfall abzustellen.

Das Tatbestandsmerkmal der „baldigen" Feststellung hat kaum eigene Bedeutung. Es weist lediglich darauf hin, dass die Feststellung nicht nur Bedeutung für eine ferne Zukunft haben darf.

Fallgruppen

Anerkannte Fallgruppen des Feststellungsinteresses sind: 387

⇨ Bestehen einer unklaren Rechtslage, die von der Behörde anders interpretiert wird als vom Kläger; dieser will sein künftiges Verhalten an der Feststellung orientieren oder er hat Grund zur Besorgnis der Gefährdung seiner Rechte.

⇨ Die Klärung des Rechtsverhältnisses dient der Wahrung oder Wiederherstellung von Rechtspositionen; dies kann als Rehabilitationsinteresse bezeichnet werden.

⇨ Wiederholungsgefahr, d.h. der konkret streitige Sachverhalt zeichnet sich in ähnlichem Umfang bereits wieder ab.

hemmer-Methode: Hinterlassen Sie aber in einer Klausur nicht den Eindruck, das Feststellungsinteresse mit stur auswendig gelernten Fallgruppen zu bejahen. Leiten Sie diesen Prüfungspunkt vielmehr mit den oben genannten generellen Erwägungen ein, bevor Sie auf das konkret gegebene Interesse abstellen.

V. Klagebefugnis, § 42 II VwGO analog

Klagebefugnis?

Es ist strittig, ob auch bei dieser Klageart eine Geltendmachung der Verletzung in eigenen Rechten analog § 42 II VwGO zu fordern ist. 388

e.A.: § 43 I VwGO a.E. als lex specialis

Nach einer Ansicht in der Literatur kommt es auf § 42 II VwGO nicht an, da in diesem Fall die Regelung des berechtigten Interesses in § 43 I VwGO a.E. als lex specialis anzusehen ist. Es reicht dann aus, wenn der Kläger am Rechtsverhältnis beteiligt ist und sein künftiges Verhalten von der Feststellung abhängig machen will. 389

h.M.: § 42 II VwGO analog

Nach der überwiegenden Ansicht der Rechtsprechung und Großteilen der Literatur sollen auch hier Popularklagen ausgeschlossen sein. 390

B) Begründetheit der Feststellungsklage

Obersatz

Der auch hier zu formulierende Obersatz richtet sich nach dem Klagebegehren, benennt also das festzustellende Rechtsverhältnis oder den möglicherweise nichtigen VA. 391

I. Nichtigkeitsfeststellungsklage

Nichtigkeitsfeststellung: § 44 VwVfG?

Hier ist auf das Vorliegen von Nichtigkeitsgründen entweder i.S.d. § 44 VwVfG abzustellen. Hierbei ist zunächst nach zwingenden Nichtigkeitsgründen nach § 44 II VwVfG zu fragen. Liegt keiner dieser Fehler vor, fällt der konkrete Fehler aber auch nicht unter § 44 III VwVfG, der eine Nichtigkeit ausschließt, ist § 44 I VwVfG zu prüfen. Nichtig ist ein VA bei einem schwerwiegenden, offenkundigen Fehler. Insoweit ist zu verlangen, dass der Mangel des VA einem unbefangenen Betrachter „ins Auge springt“.[118] 392

II. Positive oder negative Feststellungsklage

Feststellung eines Rechtsverhältnisses

Hier ist das Bestehen des Rechtsverhältnisses zu prüfen. Bei der begehrten Feststellung der Genehmigungsfreiheit ist auf die Tatbestände der grundsätzlichen Genehmigungspflichtigkeit abzustellen. Zu prüfen ist m.a.W., ob eine Genehmigung erforderlich wäre. Ist dies entgegen der Ansicht der Behörde nicht der Fall, so ist die Klage begründet. 393

[118] Zu § 44 VwVfG s. bereits o. Rn. 63 ff., 377.

§ 8 Normenkontrollklage[119]

Entscheidung über die Gültigkeit bestimmter untergesetzlicher Rechtsvorschriften

Nach § 47 VwGO besteht die Möglichkeit einer Prüfung bestimmter untergesetzlicher Rechtsnormen durch das OVG. Dabei ist stets auf die richtige Bezeichnung des Gerichts zu achten. Statt der Bezeichnung als OVG wird in einigen Bundesländern die Bezeichnung VGH verwendet, die gem. § 184 VwGO weitergeführt werden darf (z.B. Art. 1 I BayAGVwGO, § 11 HessAGVwGO). ***394***

A) Zulässigkeit der Normenkontrollklage

I. Tauglicher Prüfungsgegenstand

Streitgegenstand: Norm (und nicht VA o.ä.)

Im Gegensatz zur inzidenten Normenkontrolle innerhalb einer anderen verwaltungsgerichtlichen Klage, bei der etwa ein VA Streitgegenstand ist, der seine Rechtsgrundlage in einer untergesetzlichen Vorschrift findet, ist hier die Norm selbst Streitgegenstand, es handelt sich um eine sog. „prinzipale" Normenkontrolle. ***395***

1. § 47 I Nr. 1 VwGO, Satzungen nach dem BauGB

§ 47 I Nr. 1 VwGO: baurechtl. Satzung

Das BauGB kennt für zahlreiche Regelungen die Form der Satzung. Darauf stellt § 47 I Nr. 1 VwGO ab. Die wichtigsten Satzungsregeln sind diejenigen ***396***

⇨ für Bebauungspläne, § 10 BauGB;

⇨ für Veränderungssperren, §§ 14, 16 I BauGB;

⇨ für Satzungen nach § 34 IV BauGB;

⇨ für Erschließungssatzungen, § 132 BauGB.

nicht FlNP

Keine Satzung ist der Flächennutzungsplan. Dieser stellt lediglich einen vorbereitenden Plan dar, vgl. § 1 II BauGB. Allerdings lässt das BVerwG einen Normenkontrollantrag analog § 47 I Nr. 1 VwGO gegen Darstellungen eines Flächennutzungsplans zu, die nach § 35 III S. 3 BauGB einem privilegierten Vorhaben entgegenstehen können.[120] ***397***

[119] Umfassend **Hemmer/Wüst, Verwaltungsrecht II, Rn. 350 ff.**
[120] BVerwG , Urteil v. 26.04.2007, 4 CN .06, **Life&Law 10/2007 (kompakt)**.

2. § 47 I Nr. 2 VwGO, andere, im Rang unter dem Landesgesetz stehende Rechtsvorschriften

§ 47 I Nr. 2 VwGO: weitere Normen

Wenn das Landesrecht dies bestimmt, können auch Rechtsverordnungen und Satzungen, deren Rechtsgrundlage außerhalb des BauGB im Landesrecht zu finden ist, kontrolliert werden. 398

Die weitaus meisten Bundesländer haben von dieser Möglichkeit Gebrauch gemacht, sie fehlt lediglich in Berlin, Hamburg und Nordrhein-Westfalen.

nicht Behördeninteressen

Es muss sich dabei grundsätzlich um Normen, d.h. generell-abstrakte Regelungen (⇔ VA, s.o. Rn. 53 ff.) des Außenrechts handeln.

Bloße Behördeninterna wie Verwaltungsvorschriften, allgemeine Verwaltungsanordnungen oder Richtlinien genügen nicht.

3. Zeitliche Gültigkeit des Prüfungsgegenstandes

Voraussetzung: Verkündung (nicht aber Inkrafttreten)

a) Eine vorbeugende Normenkontrollklage ist über § 47 VwGO nicht möglich, d.h. tauglicher Prüfungsgegenstand kann nur eine Norm sein, die bereits erlassen, also verkündet ist. 399

Das Inkrafttreten ist dagegen keine Voraussetzung. Rechtsschutz kann von dem Moment an beansprucht werden, in dem mit dem Vollzug der Vorschrift gerechnet werden muss.

noch gültig

b) Die Rechtsnorm muss grundsätzlich noch gültig sein, darf also nicht aufgehoben worden sein. 400

II. „I.R.d. Gerichtsbarkeit" des OVG

i.R.d. Gerichtsbarkeit

Das OVG/der VGH entscheidet nach § 47 I VwGO im Rahmen seiner Gerichtsbarkeit. 401

⇨ vgl. § 40 VwGO

Der Rahmen wird gesteckt von § 40 VwGO; daher müssen sich aus dem **Vollzug** der angegriffenen Rechtsnorm öffentlich-rechtliche Streitigkeiten ergeben können, die von den Verwaltungsgerichten zu entscheiden sind, unabhängig von einer bestimmten Klageart.

Sonderproblem: § 68 OWiG

Dies ist etwa nicht der Fall, wenn Normen angefochten werden, die einen Bußgeldtatbestand enthalten. Daraus können sich nur Streitigkeiten aus dem Recht der Ordnungswidrigkeiten ergeben. Dafür ist gem. § 68 I OWiG das Amtsgericht zuständig. 402

Bsp.: *Eine städtische Rechtsverordnung über Kampfhunde (z.B. nach Art. 18 I BayLStVG) enthält neben zahlreichen Vorschriften über Anleinpflichten etc. in ihrem § 20 einen Bußgeldtatbestand für den Fall bestimmter Zuwiderhandlungen. Hundehalter A will die gesamte Verordnung angreifen. Ist die Normenkontrollklage statthaft?*

Die Verordnung stellt einen tauglichen Prüfungsgegenstand gem. § 47 I Nr. 2 VwGO, Art. 5 I BayAGVwGO dar.

Der Rahmen der Gerichtsbarkeit des BayVGH ist eröffnet, wenn sich aus dem Vollzug der angefochtenen Norm öffentlich-rechtliche Streitigkeiten, die vor den Verwaltungsgerichten entschieden werden, ergeben können. Aufgrund der Regelungen über Pflichten zum Anleinen können etwa VAe erlassen werden, die auf dem Verwaltungsrechtsweg nach § 40 I VwGO angefochten werden können.

In Vollzug der Bußgeldnorm des § 20 können jedoch nur Bußgeldbescheide gem. Art. 3, 4 BayLStVG i.V.m. § 65 OWiG ergehen, deren Anfechtung gem. § 68 I OWiG nach einem verwaltungsbehördlichen Vorverfahren ausschließlich in die Zuständigkeit der ordentlichen Gerichte fällt. Damit ist die Normenkontrollklage des A bzgl. des § 20 der Rechtsverordnung unzulässig, im Übrigen ist sie statthaft.

hemmer-Methode: Prägen Sie sich den „Vollzugs-Satz" ein! So erkennen Sie die genannte Ausnahme leichter, außerdem stellen Sie eine Besonderheit des Normenkontrollverfahrens heraus. Wer prüft, ob die angefochtene Norm als Streitgegenstand öffentlich-rechtlich ist gem. § 40 I VwGO oder gar von einem öffentlich-rechtlichen Organ erlassen wurde, zeigt geringes Verständnis. Jede Rechtsnorm wird von einem Hoheitsträger in einem öffentlich-rechtlichen Verfahren erlassen, es handelt sich dabei also nicht um eine taugliche Abgrenzung.

III. Antrag und Antragsbefugnis, § 47 II VwGO

1. Formelle Voraussetzungen

Antrag: §§ 81,82 VwGO

Es gelten die Vorschriften der §§ 81, 82 VwGO entsprechend, d.h. notwendig ist ein schriftlicher Antrag, der die Mindestangaben des § 82 VwGO enthält. Antragsteller kann jede natürliche oder juristische Person sowie jede Behörde sein. 403

2. Antragsbefugnis

a) Behörden

Behörden als Antragsteller

Behörden benötigen für ihre Antragsbefugnis keinen besonderen Nachteil. Sie müssen lediglich ein Antragsbedürfnis vorweisen. Die Behörde muss mit der Ausführung der Norm befasst sein. 404

> **Bsp.:** *Die Baugenehmigungsbehörde kann im Rahmen eines Baugenehmigungsverfahrens Zweifel an der Gültigkeit eines Bebauungsplanes bekommen. Zur Klärung dieser Zweifel kann sie eine Normenkontrolle beantragen.*

b) Natürliche und juristische Personen

andere Antragsteller

Natürliche und juristische Personen müssen dagegen geltend machen, durch die betreffende Norm oder ihre Anwendung in ihren Rechten verletzt zu sein oder in naher Zukunft verletzt zu werden. Diese Regelung bezüglich der Klagebefugnis entspricht derjenigen des § 42 II VwGO. 405

Wirtschaftliche oder ideelle Nachteile reichen für eine Antragsbefugnis nicht aus. Der Kläger muss plausibel eine gegenwärtige oder zukünftige (in absehbarer Zeit eintretende) Rechtsverletzung geltend machen. Es muss die Möglichkeit der Verletzung eigener Rechte bestehen, wobei nur subjektiv-öffentliche Rechte in Betracht kommen. 406

hemmer-Methode: Besondere Probleme bereitet hier die Normenkontrolle eines Mieters gegen einen Bebauungsplan. Während der Eigentümer eines „planbetroffenen“ Grundstücks sich letztlich immer auf Art. 14 I GG berufen kann, ist die Antragsbefugnis des Mieters fraglich. Die h.M. bejaht diese aber grundsätzlich, da nach § 1 VII BauGB auch grundsätzlich private Belange in die Abwägung einzustellen sind – und nicht nur die des Eigentümers.

c) Präklusion nach § 47 IIa VwGO

Bei Normenkontrollanträgen gegen Bebauungspläne ist zudem die Präklusion nach § 47 IIa VwGO zu beachten. Einwendungen, die der Antragsteller im Verfahren der Öffentlichkeitsbeteiligung nach § 3 I BauGB hätte vorbringen können, aber nicht vorgebracht hat, sind ausgeschlossen.

IV. Antragsfrist

Antragsfrist: ein Jahr nach Bekanntmachung

Gemäß § 47 II S. 1 VwGO ist eine Antragsfrist von einem Jahr nach Bekanntmachung (nicht Inkrafttreten!) der Rechtsvorschrift gegeben. Dies bezieht sich nur auf die prinzipale Normenkontrolle und lässt die Möglichkeit einer Inzidentkontrolle i.R.e. Anfechtungsklage nach Ablauf der Jahresfrist unberührt. Des Weiteren kommt auch noch eine allgemeine Feststellungsklage im Falle einer self-executing-Norm in Betracht. Folglich hat die Frist des § 47 II S. 1 VwGO kaum entscheidende Bedeutung. 407

V. Richtiger Antragsgegner, § 47 II S. 2 VwGO

§ 47 II S. 2 VwGO

Richtiger Antragsgegner ist der Rechtsträger, dem der Erlass der angegriffenen Norm zuzurechnen ist (§ 47 II S. 2 VwGO). Es handelt sich also um die Anwendung des Rechtsträgerprinzips. 408

hemmer-Methode: Beachten Sie auch hier wieder die „Spielregeln" Ihres Bundeslandes. In (u.a.) Bayern wird dieser Punkt in der Begründetheit geprüft!

B) Begründetheit der Normenkontrollklage

Obersatz

Die Normenkontrolle ist begründet, wenn die Rechtsvorschrift ungültig ist, vgl. § 47 V S. 2 VwGO. 409

keine Rechtsverletzung erforderlich

Auf eine Rechtsverletzung des Klägers kommt es dagegen nicht an, da dieses Verfahren der objektiven Rechtsüberprüfung dient (Schlagwort: „objektives Rechtsbeanstandungsverfahren"). 410

hemmer-Methode: Die Normenkontrolle ist insoweit eine absolute Ausnahme im Verwaltungsprozessrecht. Üblicherweise entspricht der Antragsbefugnis in der Zulässigkeit die subjektive Rechtsverletzung in der Begründetheit.

I. Landesverfassungsrechtlicher Vorbehalt

Prüfungsmaßstab

Prüfungsmaßstab bei der Normenkontrollklage ist grundsätzlich die Vereinbarkeit mit höherrangigem Recht, insbesondere auch mit Bundesverfassungsrecht. 411

§ 47 III VwGO: Vorbehalt für Landesverfassungsrecht

Zu beachten ist allerdings der landesverfassungsrechtliche Vorbehalt des § 47 III VwGO, wonach die Prüfung der Verletzung von Landesverfassungsrecht den Landesverfassungsgerichten vorbehalten sein kann. Hiervon haben die Bundesländer Hessen und Bayern Gebrauch gemacht. 412

Eine Abweisung als unbegründet ist jedoch nur möglich, wenn sich innerhalb der Prüfung ergeben würde, dass ausschließlich Landesgrundrechte betroffen sind. 413

Dieses Ergebnis ist jedoch kaum denkbar, da die Grundrechte der Landesverfassung nahezu wort- und inhaltsgleich zu den Bundesgrundrechten ausgelegt werden.

II. Weitere Begründetheitsprüfung

1. Ermächtigung

Rechtsgrundlage der Norm

Wie bei einem VA ist die Frage nach der Rechtsgrundlage voranzustellen, da sich daraus häufig erst die Zuständigkeit und die einzuhaltende Form ergeben. 414

Neben den Satzungen des BauGB ist in den Bundesländern, die von § 47 I Nr. 2 VwGO Gebrauch gemacht haben, an die Gemeindeordnung, das dazugehörige kommunale Abgabenrecht oder an den sicherheitsrechtlichen Bereich der Ordnungsgesetze zu denken.

2. Formelle Rechtmäßigkeit der zu kontrollierenden Rechtsnorm

a) Zuständigkeit

Zuständigkeit zum Normerlass

Die Zuständigkeit ergibt sich entweder aus einer speziellen Zuweisung i.R.d Rechtsgrundlage oder einer allgemeinen Zuständigkeitsnorm, wie sie für Gemeinden im eigenen Wirkungskreis regelmäßig vorliegt. 415

Handelt eine Gemeinde, ist des Weiteren zwischen der Verbands- und der Organzuständigkeit zu trennen. Während die Verbandszuständigkeit die Frage betrifft, ob die Gemeinde überhaupt zuständig ist, betrifft die Organzuständigkeit die Abgrenzung zwischen den einzelnen Gemeindeorganen, also Gemeinderat und Bürgermeister. 416

b) Verfahren

Verfahren beim Normerlass

Hinsichtlich des Verfahrens ist v.a. wieder das ordnungsgemäße Beschlussverfahren der jeweiligen Gemeindeordnung zu beachten. 417

Hier können sich weitere Probleme ergeben aus:

⇨ Bekanntmachungsfehlern,

⇨ fehlender Genehmigung (eine solche ist aber nur in wenigen Ausnahmefällen erforderlich),

⇨ fehlender Ausfertigung der Satzung durch das maßgebliche Exekutivorgan (insbes. den Bürgermeister).

3. Materielle Rechtmäßigkeit der Norm

i.R.d. Rechtsgrundlage

Die zentrale Prüfung besteht darin zu klären, ob sich die zu überprüfende Rechtsvorschrift an den Rahmen ihrer Rechtsgrundlage hält und nicht gegen höherrangiges Recht verstößt. 418

evtl. Rückwirkungsproblematik

Besonderheiten ergeben sich, wenn die Norm rückwirkend in Kraft gesetzt wurde. Dann ist auf echte und unechte Rückwirkung bzw. Rückbewirkung von Rechtsfolgen und tatbestandliche Rückanknüpfung einzugehen. 419

Bei der Überprüfung von Bebauungsplänen sind insbesondere die Unbeachtlichkeitsvorschriften der §§ 214 ff. BauGB zu prüfen.[121] 420

hemmer-Methode: Vergleichen Sie zur Normenkontrolle nach § 47 VwGO Fall 44 in „Die 44 wichtigsten Fälle zum Verwaltungsrecht“ von Hemmer/Wüst.

[121] Vgl. hierzu m.w.N. BVerwG, NVwZ 2008, 899 = **Life&Law 2008, 761.**

§ 9 Vorläufiger Rechtsschutz[122]

A) Einleitung

Bedeutung

Recht haben und Recht bekommen ist zweierlei. Bis man in einem verwaltungsgerichtlichen Verfahren (möglicherweise noch inklusive des Widerspruchsverfahren und eventueller Rechtsmittelinstanzen) auch „Recht bekommt", d.h. also ein rechtskräftiges Urteil erstritten hat, kann lange Zeit vergehen. In diesem Zeitrahmen kann es für den Bürger zu erheblichen, gegebenenfalls irreparablen Nachteilen kommen. 421

Dies gilt umso mehr, als die Verwaltung die Möglichkeit hat, sich durch den Erlass eines VA selbst (d.h. zunächst ohne Inanspruchnahme eines Gerichts) einen Vollstreckungstitel zu schaffen, mit dem sie ihre Anordnungen/Anforderungen an den Bürger notfalls mit staatlichem Zwang durchsetzen kann. Aus diesem Grund ist der sog. einstweilige Rechtsschutz im Verwaltungsrecht von elementarer Bedeutung. In ihm wird in einem wesentlich schnelleren Verfahren eine vorläufige Regelung getroffen. 422

hemmer-Methode: Die Attraktivität des einstweiligen Rechtsschutzes für eine Klausur ergibt sich daraus, dass bei der Prüfung der Erfolgsaussichten eines Rechtsbehelfs im einstweiligen Rechtsschutz – wie unten noch näher gezeigt werden wird – die Bearbeitung immer mehr oder weniger schnell in „bekannte" Fragestellungen einmündet, also etwa in die Prüfung der Rechtmäßigkeit eines VA oder das Vorliegen eines öffentlich-rechtlichen Leistungsanspruches.
Damit erreicht der Aufgabenersteller zweierlei: Zum einen kann er die klassischen examenstypischen Problemfelder anprüfen, wenngleich in etwas ungewohnter Einkleidung; zum anderen erreicht er über den einstweiligen Rechtsschutz eine „Verlängerung" der Klausur, die die Möglichkeit der Notendifferenzierung eröffnet. Dies gilt umso mehr, als damit auch geprüft werden kann, wie sich der Kandidat in regelmäßig eher weniger bekannten Abschnitten des Gesetzes zurechtfindet.

B) Verfassungsrechtliche Vorgaben des einstweiligen Rechtsschutzes

Art. 19 IV GG: Gebot des effektiven Rechtsschutzes

Um rechtswidrige Nachteile durch die Verwaltung abwenden zu können, garantiert **Art. 19 IV GG** jedermann, der durch ein Verhalten der Exekutive in seinen subjektiven Rechten verletzt wird, gerichtlichen Rechtsschutz. 423

[122] Ausführlich **Hemmer/Wüst, Verwaltungsrecht III, Rn. 73 ff.**

Damit ist nicht nur irgendein Rechtsschutz (etwa auch in Form von späteren Ausgleichszahlungen) gemeint, sondern ein umfassender und effektiver Rechtsschutz gegen Akte der öffentlichen Gewalt. Effektivität bedeutet aber im besonderen Maße auch „Rechtzeitigkeit“.

Um den Eintritt von irreparablen Ergebnissen zu verhindern, gebietet Art. 19 IV GG den Schutz des Bürgers gegen den Vollzug einer Entscheidung oder deren Folgen bis zum rechtskräftigen Abschluss eines Prozesses. Die „Umgestaltung der Wirklichkeit“ soll solange verhindert werden, bis in einem ordentlichen Verfahren darüber befunden werden kann, ob die entsprechende Veränderung einem subjektiven Recht widerspricht. *424*

hemmer-Methode: Hier geht es nicht nur um verfassungstheoretische Ausführungen, die für die Klausur ohne Bedeutung wären! Die Tatsache, dass in Deutschland jede Prozessordnung die Möglichkeit eines einstweiligen Rechtsschutzes kennt, ist gerade auch im Zusammenhang mit Art. 19 IV GG zu sehen. Daher kann in der Klausur bei Streitfragen auch das Schlagwort des „effektiven Rechtsschutzes nach Art. 19 IV GG“ als Argument herangezogen werden, etwa wenn es um die Frage geht, ob vor der Stellung eines Antrags nach § 80 V VwGO die Einlegung eines Widerspruchs oder die Stellung eines Antrags an die zuständige Behörde nach § 80 IV VwGO erforderlich ist. Stoßen Sie also auf ein Problem, bei dem nach der e.A. der einstweilige Rechtsschutz zulässig, nach der a.A. aus eher formalen Gründen unzulässig wäre, so ist zumindest ein wichtiges Argument für die großzügigere Handhabung stets auch Art. 19 IV GG.

C) Exkurs: Vorläufiger und vorbeugender Rechtsschutz

vorbeugender Rechtsschutz: präventiv

Die im Folgenden dargestellten Verfahrensarten des vorläufigen Rechtsschutzes stimmen im Ergebnis und Ziel insofern überein, als sie grds. den Streit nur vorläufig klären und nicht endgültig Recht gewähren. Diese Vorläufigkeit unterscheidet sie vom sog. vorbeugenden Rechtsschutz, der einer Abwehr von zu erwartenden Rechtsbeeinträchtigungen durch Verwaltungshandeln dient und durch eine (endgültige) gerichtliche Entscheidung in der Hauptsache gewährt wird. *425*

Entscheidender Unterschied ist weiterhin, dass der vorläufige Rechtsschutz auch nach einer behördlichen Anordnung eingreifen kann, während sich der vorbeugende Rechtsschutz allein gegen künftiges Handeln der Verwaltung richtet. *426*

Der vorbeugende Rechtsschutz ist damit eine Ausnahme zum Grundsatz des repressiven (d.h. nachträglich eingreifenden, im Gegensatz zum präventiven) Rechtsschutzes, welche nur in engen, hier nicht näher vertieften Einzelfällen für zulässig erachtet wird (vgl. dazu näher Hemmer/Wüst, Verwaltungsrecht III, Rn. 265 ff.).

hemmer-Methode: Vorläufiger und vorbeugender Rechtsschutz können allerdings durchaus einmal kombiniert auftreten: So kann etwa eine vorbeugende Unterlassungsklage gegen staatliches Handeln durchaus in Form eines Antrags auf eine einstweilige Anordnung nach § 123 VwGO (vgl. dazu unten) erfolgen.
Dies wird sogar nicht einmal selten der Fall sein; denn da der Kläger/Antragsteller beim vorbeugenden Rechtsschutz geltend machen muss, dass ihm für sein Rechtsschutzbegehren ein Zuwarten bis zur Vornahme der drohenden Behördenhandlung nicht zumutbar ist, wird er in diesen Fällen auch sehr häufig ein Interesse an einer raschen, einstweiligen Entscheidung haben.

D) Vorläufiger Rechtsschutz in der VwGO

§ 80 I VwGO ⇔ § 123 VwGO

Die VwGO kennt grds. zwei Arten (mit entsprechenden Unterfällen) des vorläufigen Rechtsschutzes, deren Anwendbarkeit vom jeweiligen Verfahren bzw. Verwaltungshandeln abhängig ist. 427

- ⇨ Die aufschiebende Wirkung von Widerspruch und Anfechtungsklage gem. § 80 I VwGO sowie in Ergänzung dazu die Möglichkeit einer gerichtlichen Anordnung oder Wiederherstellung der aufschiebenden Wirkung i.S.d. § 80 V VwGO (inkl. der gerichtlichen Anordnungen nach § 80a III VwGO bei VA mit Doppelwirkung)
- ⇨ Die einstweilige Anordnung gem. § 123 VwGO (bzw. im verwaltungsger. Normenkontrollverfahren gem. § 47 VIII VwGO)

Suspensivwirkung bei belastenden VAen

Bei belastenden VAen wird vorläufiger Rechtsschutz regelmäßig bereits dadurch gewährt, dass Widerspruch und Anfechtungsklage gem. § 80 I VwGO aufschiebende Wirkung haben. Der VA wird damit automatisch und kraft Gesetzes suspendiert, sodass ein spezieller gerichtlicher Antrag nach § 80 V VwGO nur erforderlich ist, wenn diese automatische Suspendierung (aufschiebende Wirkung) ausgeschlossen ist, vgl. § 80 II VwGO. 428

hemmer-Methode: Zum Verständnis: Der VA ist für die Verwaltung ein sehr „scharfes Schwert“: Er dient als Vollstreckungstitel, den die Verwaltung sich selbst ohne Hinzuziehung eines Gerichtes verschaffen kann. Gewissermaßen zum Ausgleich dafür hat der Bürger eine relativ einfache Möglichkeit, insoweit einen vorläufigen Rechtsschutz herbeizuführen. Die Einlegung eines Widerspruchs hat aufschiebende Wirkung, d.h. der VA darf nicht vollzogen werden. Auch die „Waffe“ des Bürgers ist damit im Regelfall relativ wirkungsvoll.

sonstige Fälle ⇨ § 123 VwGO

Dagegen ist die einstweilige Anordnung nach § 123 VwGO immer dann das einschlägige Verfahren, wenn es nicht um die Suspendierung eines belastenden VA geht, vgl. § 123 V VwGO. **429**

§ 123 V VwGO stellt den Vorrang des vorläufigen Rechtsschutzes nach § 80 VwGO und zugleich die Abgrenzung zwischen beiden Verfahrensarten klar. Dies beruht auf einer exakten Ausrichtung am Streitgegenstand und an der Klageart in der Hauptsache.

Ist der Streitgegenstand ein belastender VA, wäre statthafte Klageart in der Hauptsache also die Anfechtungsklage, ist vorläufiger Rechtsschutz i.d.R. nach § 80 VwGO zu gewähren.

Bei allen anderen Klagearten kommt § 123 VwGO zur Anwendung, also bei Verpflichtungs-, Leistungs- und Feststellungsklage. Aufbaumäßig ist diese Abgrenzung im Prüfungsschema (vgl. dazu unten) eine Frage der Statthaftigkeit. Eine wichtige Ausnahme von dieser Faustregel stellt der Fall des § 80a I Nr. 2 VwGO dar, der auch in den Fällen des sog. faktischen Vollzugs angewendet wird. Hier baut der Genehmigungsinhaber trotz eines Widerspruchs bzw. einer Klage mit Suspensivwirkung. In der Hauptsache wäre eine Verpflichtungsklage bspw. auf Baueinstellung statthaft. Der einstweilige Rechtsschutz richtet sich aber nach § 80 VwGO.

Übersicht zur Abgrenzung von § 123 VwGO und § 80 V VwGO

⇨ Einstiegsnorm ist § 123 V VwGO.

⇨ Wenn als Hauptsacherechtsbehelf die **Anfechtungsklage** einschlägig ist, dann Vorgehen nach **§ 80 V VwGO,**

⇨ wenn als Hauptsacherechtsbehelf **keine Anfechtungsklage** einschlägig ist, nur dann Vorgehen nach **§ 123 VwGO.**

E) Antrag nach § 80 V VwGO

statthaft, soweit VA sofort vollziehbar

Sowohl praktisch bedeutsamstes als auch prüfungsrelevantestes Verfahren ist die Anordnung bzw. Wiederherstellung der aufschiebenden Wirkung eines Widerspruchs bzw. der Anfechtungsklage durch das Gericht nach § 80 V VwGO. Zwar tritt nach § 80 I VwGO die aufschiebende Wirkung (und damit zumindest die Nichtvollziehbarkeit; im Einzelnen ist freilich streitig, ob die aufschiebende Wirkung zur Unwirksamkeit oder „nur" zur Unvollziehbarkeit des VA führt) bereits kraft Gesetzes durch die Einlegung des Widerspruchs bzw. der Erhebung der Anfechtungsklage ein. 430

In bestimmten Fällen wird allerdings nach § 80 II VwGO dieses Regel-Ausnahme-Verhältnis umgekehrt: Bei der Anforderung von öffentlichen Abgaben und Kosten, Anordnungen und Maßnahmen von Polizeivollzugsbeamten sowie speziellen, durch Gesetz vorgeschriebenen Fällen (§ 80 II Nr. 1 - 3 VwGO) oder aber bei einer Anordnung der sofortigen Vollziehung durch die Erlassbehörde gem. § 80 II Nr. 4 VwGO hat der Rechtsbehelf keine aufschiebende Wirkung. 431

In diesen Fällen kann sich der Bürger aber an das Gericht wenden und von diesem die Anordnung (in den Fällen des § 80 II Nr. 1 - 3 VwGO) bzw. die Wiederherstellung (im Fall des § 80 II Nr. 4 VwGO) der aufschiebenden Wirkung beantragen.

Zulässigkeit des Antrags nach § 80 V VwGO

Die Zulässigkeit dieses Antrags richtet sich nach § 80 V VwGO bzw. den allgemeinen Vorschriften. In der Begründetheit ist darüber zu entscheiden, ob es gerechtfertigt ist, dem Widerspruch bzw. der Anfechtungsklage hier keine aufschiebende Wirkung zukommen zu lassen. Dies ist dann der Fall, wenn ernstliche Zweifel an der Rechtmäßigkeit des angefochtenen VAs bestehen oder wenn die Vollziehung eine unbillige, nicht durch überwiegende öffentliche Interessen gebotene Härte zur Folge hätte. 432

Interessenabwägung ⇨ Erfolgsaussichten in Hauptsache

Es kommt also letztlich auf eine Interessenabwägung zwischen dem Interesse des Staates an einer raschen Vollziehung des VA und dem Interesse des Bürgers an der Verhinderung rechtswidriger (möglicherweise irreparabler) Schäden an. 433

Wichtigstes Kriterium dieser Interessenabwägung sind die Erfolgsaussichten des Rechtsbehelfs in der Hauptsache: Wenn nämlich die Anfechtungsklage in der Hauptsache erfolgreich wäre, so besteht kein Interesse daran, dass der VA vorher bereits vollzogen wird. Wenn umgekehrt die Anfechtungsklage in der Hauptsache erfolglos ist, ist der Bürger mit seinem Interesse, den VA noch nicht zu vollziehen, regelmäßig weniger schutzwürdig.

hemmer-Methode: Somit kommen Sie nach dem etwas „exotischen Vorspiel" der Zulässigkeit des Antrags nach § 80 V VwGO in die gewohnte Schiene der Prüfung der Erfolgsaussichten der Klage: In der Begründetheit des Antrags nach § 80 V VwGO sind diese Erfolgsaussichten (d.h. also Zulässigkeit und Begründetheit der Klage in der Hauptsache) wesentlicher Gesichtspunkt der Abwägung.

<u>Prüfungsschema zum Antrag nach § 80 V VwGO</u>

A) Zulässigkeit eines Antrags nach § 80 V VwGO

1. **Eröffnung des Verwaltungsrechtswegs**
2. **Statthaftigkeit** (vgl. § 123 V VwGO zur Abgrenzung von § 123 und § 80 V VwGO)
3. **Antragsbefugnis**
4. **Allgemeines Rechtsschutzbedürfnis**
   - **a)** Kein vorheriger Antrag nach § 80 IV VwGO nötig, str., vgl. § 80 VI VwGO im Umkehrschluss
   - **b)** Str., ob vorheriger Rechtsbehelf in der Hauptsache nötig ist, vgl. § 80 V S. 2 VwGO
5. **Keine Frist** (aber der VA darf nicht bestandskräftig sein, sonst entfällt RSB)
6. **Beteiligten- und Prozessfähigkeit, §§ 61, 62 VwGO**
7. **Weitere Voraussetzungen** (z.B. Gerichtszuständigkeit, § 80 V S. 1 VwGO; Antragsform, §§ 81, 82 VwGO)

B) Begründetheit

1. **Ggf. Antragsgegner, § 78 VwGO analog**
2. **Nur in Fällen des § 80 II Nr. 4 VwGO: Formelle Rechtmäßigkeit der Anordnung?** (Inbes. Einzelfallbegründung i.S.d. § 80 III VwGO.)
3. **Interessenabwägung, dabei Prüfung der Erfolgsaussichten in der Hauptsache** (⇨ Zulässigkeit und Begründetheit des Rechtsbehelfs in der Hauptsache)

§ 80a VwGO ⇨ VAe mit Doppelwirkung

434 § 80a VwGO ergänzt den Rechtsschutz nach § 80 VwGO, wenn Streitgegenstand ein VA mit Doppelwirkung ist. Dies ist dann der Fall, wenn der VA einen Betroffenen rechtlich begünstigt und zugleich einen anderen belastet.

> ***Bsp.:*** *Eine Baugenehmigung, die den Bauherrn begünstigt, kann den Nachbarn, der den Bau nunmehr dulden muss, belasten.*

435 In einem solchen Fall kann der Dritte, d.h. also derjenige, der nicht selbst Adressat des VA ist, nach § 80a I VwGO

⇨ die sofortige Vollziehbarkeit eines ihn begünstigenden, den Adressaten aber belastenden VA nach § 80 II Nr. 4 VwGO (vgl. § 80a I Nr. 1 VwGO) oder

⇨ die Aussetzung der Vollziehung eines ihn belastenden, dafür den Adressaten begünstigenden VA nach § 80 IV VwGO (vgl. § 80a I Nr. 2 VwGO)

verlangen. Ebenfalls auf Antrag des Dritten, aber auch auf Antrag des Adressaten hin kann das Gericht diese Maßnahmen nach § 80a III VwGO ändern oder aufheben, wobei § 80 V - VIII VwGO entsprechend gilt.

F) Einstweilige Anordnung nach § 123 VwGO

Subsidiarität

436 Die einstweilige Anordnung nach § 123 VwGO ist die Form des vorläufigen Rechtsschutzes in den Fällen, die nicht unter §§ 80, 80a VwGO fallen, in denen es also nicht um einen belastenden VA und eine Anfechtungsklage in der Hauptsache geht.

immer gerichtliche Einzelfallregelung

437 Anders als beim gewissermaßen „automatischen“ vorläufigen Rechtsschutz des § 80 I VwGO ist die Gewährung von vorläufigem Rechtsschutz nach § 123 VwGO ausschließlich dem Gericht vorbehalten. Danach findet in Fällen, in denen in der Hauptsache etwa eine Verpflichtungs-, Feststellungs- oder Leistungsklage statthafte Klageart ist, ein „summarisches Erkenntnisverfahren“ statt, das im Aufbau im Wesentlichen der Klage in der Hauptsache entspricht. Danach ist zwischen Zulässigkeit und Begründetheit des Antrags auf Erlass einer einstweiligen Anordnung zu unterscheiden.

Als Besonderheiten kurz erwähnenswert erscheinen noch die folgenden Punkte:

Anordnungsanspruch und -grund

⇨ Für einen erfolgreichen Antrag nach § 123 VwGO müssen ein sog. Anordnungsanspruch und ein sog. Anordnungsgrund geltend (und i.R.d. Begründetheit auch „glaubhaft“, vgl. dazu sogleich unten) gemacht werden. Der Anordnungsanspruch ist dabei der Anspruch, der auch mit der Hauptsacheklage verfolgt würde. Der Anordnungsgrund ist die Legitimation dafür, dass eine vorläufige Entscheidung in einem summarischen Verfahren getroffen wird. 438

Sicherungs- und Regelungsanordnung

⇨ § 123 I VwGO enthält in S. 1 und S. 2 zwei verschiedene Arten der einstweiligen Anordnung, nämlich die Sicherungsanordnung und die Regelungsanordnung. Die Sicherungsanordnung soll einen bereits bestehenden Zustand vor eventuellen Änderungen bis zu einer Entscheidung in der Hauptsache schützen, die Regelungsanordnung einen noch nicht herrschenden Zustand vorübergehend bis zur Hauptsacheentscheidung herstellen. 439

Eine genaue Abgrenzung ist in vielen Fällen allerdings nicht möglich, aber auch nicht notwendig (und wird z.B. von der Rspr. auch zum großen Teil nicht durchgeführt), da sich vom prozessualen Ablauf, von den Zulässigkeitsanforderungen oder vom Ergebnis her nichts ändert. Gerade in einer Klausur erscheint es daher durchaus möglich, auf diese Entscheidung nicht weiter einzugehen, sondern die Erfolgsaussichten des Antrags nur anhand des unten aufgezeigten Schemas zu prüfen.

Glaubhaftmachung

§ 123 VwGO verlangt zur Begründetheit des Antrags die Glaubhaftmachung von Anordnungsanspruch und -grund. Glaubhaftmachung bedeutet, dass der Antragsteller die von ihm behaupteten Tatsachen substantiiert darlegt und – wenn und soweit möglich – so belegt, dass das Gericht von einer überwiegenden Wahrscheinlichkeit des Vorliegens dieser Behauptung ausgehen darf. 440

Es wird also, um einen raschen Verfahrensabschluss zu ermöglichen, jeweils auf den vollständigen Beweis einer Tatsache zu Gunsten eines Wahrscheinlichkeitsurteils verzichtet.

Grds. darf „die Hauptsache nicht vorweggenommen" werden, d.h. es darf i.R.d. einstweiligen Rechtsschutzes noch keine endgültige Entscheidung getroffen werden, die eigentlich dem Hauptsacheverfahren vorbehalten bleiben müsste. 441

In Einzelfällen kann es aber Ausnahmen von diesem Grundsatz geben, wenn anders ein effektiver Rechtsschutz nicht möglich wäre (so z.B. beim einstweiligen Antrag auf das Unterlassen einer bestimmten, nur einmalig vorgesehenen Handlung: Wird diese durch einstweilige Anordnung untersagt, wird damit zwangsläufig „die Hauptsache vorweggenommen").

hemmer-Methode: Über § 123 III VwGO gelten die §§ 920 II, 294 ZPO, die als Mittel der Glaubhaftmachung z.B. eine eidesstattliche Versicherung zulassen.

Damit ergibt sich folgendes Prüfungsschema: 442

Erfolgsaussichten eines Antrags nach § 123 VwGO

A) Zulässigkeit

1. **Eröffnung des Verwaltungsrechtswegs**
2. **Statthaftigkeit**
   - **a)** § 123 V VwGO: Abgrenzung zu §§ 80, 80a VwGO
   - **b)** eventuell Abgrenzung der Sicherungs- und Regelungsanordnung
3. **Antragsbefugnis, § 42 II VwGO analog**

   Behauptung eines Anordnungsanspruchs und eines Anordnungsgrundes
4. **Sonstige Voraussetzungen, z.B.:**
   - **a)** Allgemeines Rechtsschutzbedürfnis, insbesondere vorherige Antragstellung bei der Behörde sowie keine Vorwegnahme der Hauptsache
   - **b)** Zuständigkeit des Gerichts
   - **c)** Beteiligten- und Prozessfähigkeit, §§ 61, 62 VwGO

B) Begründetheit

1. **Ggf. Richtiger Antragsgegner, § 78 VwGO analog**
2. **Glaubhaftmachung eines Anordnungsgrundes**
3. **Glaubhaftmachung eines Anordnungsanspruchs**

Die Zahlen verweisen auf die Randnummern des Skripts

A

B

D

E

F

Die wichtigsten Fälle

FALLSAMMLUNG

DIE 44 WICHTIGSTEN FÄLLE VERWALTUNGSRECHT

In 44 Fällen haben wir für Sie klassische Probleme des Verwaltungsrechts für Klausur und Hausarbeit systematisch aufbereitet. Diese Fallsammlung ist einfach, verständlich und knapp gehalten. Zum Aufbau: Die Einordnung im Anschluss an den Sachverhalt erleichtert Ihnen den Zugang zu den jeweiligen Problemfeldern. Problem erkannt – Gefahr gebannt. Die Gliederung ermöglicht eine schnelle Übersicht. Die Musterlösungen dienen als Formulierungshilfen für Ihre Klausur. Bereichsübergreifende Hinweise dienen dem Verständnis. Nur so vernetzen Sie frühzeitig gelerntes Wissen. Auf diese Weise können Sie in kürzester Zeit die wichtigsten Probleme zum Verwaltungsrecht anwendungsspezifisch erlernen. Als Profis mit langjähriger Erfahrung und Erfolg wissen wir, was von Ihnen in Klausur und Hausarbeit erwartet wird.

- **Anfechtungsklage**
- **Verpflichtungsklage**
- **Fortsetzungsfeststellungsklage**
- **Allgemeine Leistungs-/ Feststellungsklage**
- **Normenkontrolle**

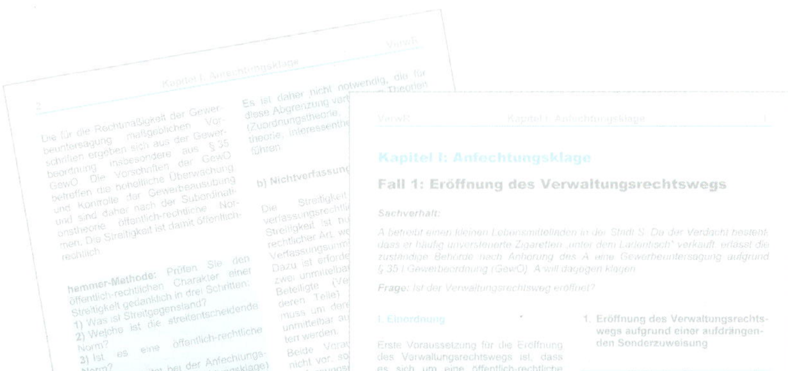

Das Erfolgsprogramm -
Ihr Training für Klausur und Hausarbeit